Bernd Oberhoff
Wolfgang A. Mozart
Die Zauberflöte
Ein psychoanalytischer Opernführer

IMAGO
Psychosozial-Verlag

Bernd Oberhoff

Wolfgang A. Mozart
DIE ZAUBERFLÖTE
Ein psychoanalytischer Opernführer

Psychosozial-Verlag

Bibliografische Information Der Deutschen Bibliothek
Die Deutsche Bibliothek verzeichnet diese Publikation in der Deutschen Nationalbibliografie; detaillierte bibliografische Daten sind im Internet über <http://dnb.ddb.de> abrufbar.

Goethestr. 29, 35390 Gießen
Tel.: 0641/77819, Fax: 0641/77742
e-mail: info@psychosozial-verlag.de

Lektorat/Satz: Lars Steinmann
Umschlagabbildung: Renate Mildner-Müller: Figuren der Zauberflöte
Printed in Germany
ISBN 3-89806-270-8

Inhalt

Wolfgang Amadeus Mozart
(1756–1791)

Die Zauberflöte

Oper in 2 Akten

Libretto: Emanuel Schikaneder
Uraufführung: 30. September 1791
im Theater auf der Wieden in Wien
unter Leitung des Komponisten

Auftretende Personen

Sarastro	Bass
Tamino, ein Prinz	Tenor
Sprecher (im Tempel Sarastros)	Bass
Erster, Zweiter, Dritter Priester	Tenor, Sprecherrollen
Königin der Nacht	Sopran
Pamina, ihre Tochter	Sopran
Erste, Zweite, Dritte Dame	Sopran, Mezzosopran, Alt
Drei Knaben	Sopran, Mezzosopran, Alt
Papageno	Bariton
Papagena	Sopran
Monostatos, ein Mohr	Tenor
Zwei Geharnischte	Tenor, Bass
Erster, Zweiter, Dritter Sklave	Sprecherrollen
Stimmen, Priester, Sklaven, Gefolge	Chor, Statisten

1. Die Handlung der Oper

1. Akt

Der Jüngling Tamino befindet sich auf der Flucht vor einer ihn verfolgenden Schlange. Als er in Ohnmacht fällt, kommen drei schwarz gekleidete Damen (Dienerinnen der Königin der Nacht) ihm zu Hilfe und töten die Schlange. Tamino erwacht aus seiner Ohnmacht und trifft auf Papageno, einen mit Vogelfedern bekleideten und stets zu Späßen aufgelegten jungen Mann. Als dieser sich brüstet, die Schlange erschlagen zu haben, bekommt er von den Drei Damen zur Strafe ein Schloss vor den Mund. Tamino übergeben sie ein Bild von Pamina, der Tochter der Königin der Nacht, zu der er sogleich von Liebe entbrennt.

Es erscheint die Königin der Nacht und fordert Tamino auf, ihre Tochter Pamina, die von dem bösen Zauberer Sarastro entführt worden sei, zu befreien. Als Lohn soll er sie zur Frau bekommen. Mit auf den Weg erhalten Tamino eine Zauberflöte und Papageno ein Glockenspiel, die zauberische Kräfte besitzen und die sie vor Gefahren beschützen sollen. Außerdem werden ihnen drei Knaben als Begleiter an die Seite gestellt.

Szenenwechsel. In einem Zimmer im Palast des Sarastro wird Pamina von Sklaven hereingeführt und sogleich von Monostatos, einem Mohren, aggressiv bedrängt. Zum Glück erscheint Papageno, der die bedrohliche Situation auflöst und Pamina berichtet, dass der Prinz Tamino sich auf dem Weg zu ihr befindet. Sie singen ein Liebesduett.

Tamino ist mittlerweile am Eingang des Sarastro-Tempels angelangt, wo er von einem alten Priester begrüßt wird, der ihm freundlich begegnet und ihn darüber aufklärt, dass Sarastro keine bösen Absichten gegen Pamina hege, sondern ein Weiser sei, der die Menschen zur Tugend führt.

In der folgenden Szene tritt Sarastro mit großem Gefolge in einem Triumphwagen auf die Bühne und wendet sich zu Pamina, die gesteht, dass sie habe fliehen wollen, weil der Mohr sie sexuell bedrängt habe. Sarastro bestraft den Mohren und erklärt Pamina, dass sie und Tamino zunächst noch einige Prüfungen zu bestehen haben, bevor sie Mann und Frau werden können.

2. Akt

Nachdem der Priesterrat zugestimmt hat, dass Tamino und Pamina, ebenso wie Papageno in den Prüfungstempel geführt werden, wird den beiden jungen Männern eine erste Prüfung auferlegt: Sie dürfen nicht mit Frauen sprechen. Es erscheinen die Drei Damen, die erneut Böses über Sarastro verbreiten. Tamino – und mit Einschränkungen auch Papageno – bleiben jedoch standhaft und wenden sich von den Drei Damen ab.

Szenenwechsel. Pamina schläft in einer Laube. Da erscheint die Königin der Nacht und versucht Pamina in ihre Rachepläne gegen Sarastro einzubinden. Sie reicht ihr einen Dolch und fordert Pamina auf, Sarastro zu töten. Aus ihrem Entsetzen und einer erneuten Bedrängnis durch den Mohren Monostatos wird sie schließlich durch das Auftreten Sarastros erlöst, der ihr zu verstehen gibt, dass

er nur Gutes mit ihr im Sinn habe.
Als Pamina im Inneren des Palastes auf Tamino trifft, ist sie erfreut ihn zu sehen. Da er aber entsprechend seinem Gelübde nicht mit ihr spricht, empfindet sie dies wie eine Zurückweisung, die sie in eine tiefe Verzweiflung stürzt. Die Drei Knaben erscheinen und verhindern, dass Pamina Selbstmord begeht.

Auch Papageno will sich das Leben nehmen, da für ihn kein »Weibchen« in Sicht ist. Doch als er auf den Rat der Drei Knaben sein Glockenspiel ertönen lässt, lockt er damit seine Papagena herbei, die zunächst als eine Alte verkleidet erscheint, dann aber, noch rechtzeitig bevor Papageno sich den Strick um den Hals legt, sich in ein junges Weib verwandelt, von dem Papageno entzückt ist.

Hereingeführt und unterwiesen durch zwei Geharnischte, müssen nun Pamina und Tamino in einer letzten Prüfung gemeinsam durch Wasserfluten und Feuergluten hindurchgehen. Mit Hilfe der Zauberflöte, die Tamino spielt, schaffen es beide, unbeschadet durch Wasser und Feuer zu schreiten.

Es folgt noch ein letzter Versuch der Königin der Nacht, Sarastro zu vernichten. Doch dieses Ansinnen misslingt, und sie wird zusammen mit ihrem ganzen Gefolge von den Tempeldienern in den Abgrund gestürzt.

Das siegreiche junge Paar Pamina und Tamino wird in einer abschließenden Zeremonie unter dem Jubelgesang des Chores gebührend gefeiert.

2. Introduktion – »Ein geahnter, aber verborgener Inhalt«

Der Fall »Zauberflöte« ist gelöst. Das jedenfalls behauptet Helmut Perl in seinem jüngst erschienenen Buch über die Zauberflöte. Bewundernswert akribisch weist Perl nach, dass es sich bei der Zauberflöte um eine Freimaurer-Oper handelt, die in einer verschlüsselten Geheimsprache die Weisheiten und aufklärerischen Erkenntnisse des Freimaurertums sowie zeitgeschichtliche Zusammenhänge übermittelt. Danach sind Inhalt und Personen der Handlung vor allem allegorisch zu verstehen, wobei z. B. die Königin der Nacht als eine Allegorie auf die katholische Kirche und Papageno als ein Unmündiger in religiösen Fragen aufzufassen ist. Man könnte unter Umständen in den Jubel über diese kriminalistische Kleinarbeit einstimmen und dem Kommissar zu seinem Erfolg gratulieren, wenn – ja, wenn die Musik Mozarts nicht wäre. Perl hält sich nur an den Text und meint bei seiner Recherche die Musik entbehren zu können. Doch das erscheint mir als ein grober Fahndungsfehler, denn die Zauberflöte ist kaum wegen seines Librettos, wohl aber wegen Mozarts genialer Musik berühmt geworden. Die wenigsten der Millionen Liebhaber dieser Oper werden Freimaurer sein oder diese Oper genießen, weil sie in ihr etwas über das politische Kräftespiel im Wien des ausgehenden 18. Jahrhundert erfahren, aber alle fühlen sich angesprochen sind berührt von Mozarts genialer Musik. So kann der »Fall Zauberflöte« wohl erst dann als gelöst betrachtet werden, wenn in der Untersuchung auch die Musik ihren gebührenden Platz bekommen hat. Denn die Musik akzentuiert und deutet den Text, indem sie das Affektive hinzufügt und damit eine bestimmte Ebene subjektiven Erlebens thematisiert. Ist die Musik in spezifischer Weise ergreifend, so handelt es sich oftmals um eine unbewusste Ebene des

Erlebens, die durch die Musik angerührt wird. Auch in der Zauberflöte wird solch eine unbewusste Erlebnisebene ins Spiel gebracht, die im Hörer bestimmte lebensgeschichtliche Erfahrungen wiederbelebt, an die er sich jedoch nicht erinnert. Welche lebensgeschichtlichen Erfahrungen es sind, die in Mozarts Zauberflöte thematisiert werden, darüber soll dieser psychoanalytische Opernführer Auskunft geben. Hinweise auf diese zweite, untere Sinnebene vermitteln dabei sowohl der Text des Librettos, als auch – und das ist die noch wichtigere Erkenntnisquelle – die psychoästhetische Anmutungsqualität der Musik Mozarts.

Der ursprüngliche Entwurf des Textbuches war eine Märchenoper, in der einer guten Fee (Königin der Nacht) die Tochter von einem bösen Zauberer (Sarastro) geraubt wurde. Die gute Fee schickt nun einen Jüngling los, ihre Tochter dem bösen Zauberer zu entreißen. Als Mozart schon mitten in der Arbeit an diesem Werk war, erfuhr dieser Gang der Handlung plötzlich eine völlig andere Wendung, und zwar wurde aus dem bösen Zauberer Sarastro nun der freimaurerische Weise und Priester, der Tamino und später auch Pamina in die hohe Tugendlehre einweiht. Wir wissen, dass sowohl Mozart als auch Schikaneder einer Wiener Freimaurerloge angehörten und so sind vor diesem Hintergrund die freimaurerischen Elemente in der Opernhandlung erklärlich. Aber ist die Zauberflöte deshalb eine Freimaurer-Oper?

Selbst, wenn man davon ausgeht, dass dem Libretto diese Absicht zugrunde gelegen haben mag, so geht doch die Musik weit über eine aufklärerische Tugendlehre oder zeitgeschichtlich inspirierte Allegorien hinaus. Die Musik zieht uns vielmehr in eine lebensgeschichtliche Entwicklungsdramatik hinein, die von einer hohen psychologischen Wahrheit erfüllt ist und deshalb keinen Hörer kalt lässt. Man braucht, um diese Oper zu verstehen, keinerlei Wissen um zeit- und geistesgeschichtliche Begebenheiten, sondern die in dieser Oper so eindrücklich in Szene gesetzten entwicklungspsychologischen Problemkonstellationen hat jeder Zuschauer – mehr oder minder leidvoll – im Verlaufe seines Lebens selbst erfahren. Verwundern muss allenfalls, dass diese Oper über zwei Jahrhunderte hinweg soviel Zulauf gehabt hat und immer noch hat, obwohl doch bekannt ist, dass sich die Menschen in der Regel nicht gerne mit psychologischen Wahrheiten ihrer biografischen Entwicklung auseinandersetzen. Dieses Kunststück gelingt dem Werk durch einen genialen Trick, auf den wir noch zu sprechen kommen werden.

Ich glaube, dass die Deutung dieser Oper als eine Freimaurer-Oper allenfalls dem Text, nicht aber der Musik gerecht wird. Zustimmen jedoch muss ich Perl, wenn er darauf hinweist,

> »dass wir mit dem Libretto der ›Zauberflöte‹ bisher allzu leichtfertig umgegangen sind und dass wir dabei übersehen haben, dass diesem merkwürdigen Zweigespann Mozart/Schikaneder möglicherweise ein geniales Werk gelungen ist, das seinen Erfolg vielleicht auch der Tatsache verdankt, dass das Publikum die Diskrepanz zwischen der angebotenen Deutung und einem geahnten, aber verborgenen Inhalt verspürt« (Perl 2000, S. 8).

Ganz in diesem Sinne soll die im Folgenden unternommene psychoanalytische Analyse der Zauberflöte dazu dienen, diesem »geahnten, aber verborgenen Inhalt« auf die Spur zu kommen.

3. Ouvertüre

Die Musik beginnt mit drei hellen machtvollen Tutti-Akkorden, die jeweils durch eine Pause mit Fermate deutlich voneinander abgesetzt sind. Die Akkorde stehen dort wie drei Säulen und lassen sofort Assoziationen an die Säulen der drei Tempel aufkommen. Und der Kenner der Oper weiß, dass diese machtvollen Es-Dur Klänge im Umfeld der feierlichen Zeremonien im Palast des Sarastro wieder auftauchen werden.

Diese drei abgegrenzten Akkord-Blöcke stehen in einem deutlichen Kontrast zu den nun folgenden weichen Streicherbewegungen. Waren die drei Anfangsakkorde hell und laut, so hören wir hier im Folgenden Streicherklänge, die im piano in der Tiefe umherwogen. Waren die

Tutti-Akkorde eher männlich, so breitet sich in den folgenden Takten eine weiche Weiblichkeit vor dem Zuhörer aus, die Elemente des Verführerischen, Schmeichelnden und Faszinierenden beinhalten. Mit diesen Klängen befinden wir uns im Machtbereich der Königin der Nacht, die in der Handlung der Oper die weibliche Gegenkraft zu Sarastro, dem Vertreter des Männlichen, darstellt.

Damit werden dem Hörer gleich zu Beginn in den ersten 15 Takten jene zwei Lebensprinzipien vorgestellt, um die es in dieser Oper gehen wird, nämlich um das Männliche und das Weibliche. Drei Takte sind dem Männlichen gewidmet und zwölf Takte dem Weiblichen. Dieses Verhältnis deutet bereits eine gewisse Priorität des Komponisten in Richtung des Weiblichen an, die uns im Folgenden noch des Öfteren begegnen wird.

Aber es folgt in der Ouvertüre noch ein Drittes, dass ich als das Kindliche bezeichnen möchte. Dieses Kindliche findet seinen Ausdruck in dem in Takt 16 beginnenden sehr lebendigen und frischen Fugenthema, das durch alle vier Stimmen wandert. War den ersten 15 Takte eher eine gewisse Schwere eigen, so ist das nun auftauchende Thema von ausgesprochener Leichtigkeit, ja Luftigkeit, die unmittelbar an den Vogelfänger und Spaßvogel Papageno denken lässt. So finden wir ja auch diese Art der repetierenden Tonwiederholungen gegen Ende der Oper bei Papageno wieder, wenn er in Gestalt der sechsmaligen Silbenwiederholung Pa-pa-pa-pa-pa-pa-ge-na von seinen vielen Kinderlein spricht, die er sich wünscht. Dieses Thema ist von einer quirligen kindlichen Freude, einer Unbekümmertheit und einem köstlichen Humor, wie es wohl nur ein Mozart erfinden konnte.

Das Fugenthema beschreibt mittels Tonwiederholungen jeweils zwei Ebenen: eine untere und eine obere. Das Thema beginnt auf der unteren Ebene mit einer sechsmaligen Repetition eines Tones, bevor es sich mit Hilfe einer sich losreißenden Sechszehntelbewegung hinauf zur Quinte schwingt, um sogleich auf der Tonstufe der Quinte erst einmal wieder sechsmal zu verharren. Was folgt, ist ein Oszillieren, ein Hin- und Herhüpfen zwischen unterer und oberer Ebene in Gestalt von aufwärts gerichteten Quartsprüngen. Man könnte die psychologische Essenz der Oper nicht sinnträchtiger zusammenfassen als durch dieses Hin und Herspringen zwischen diesen beiden Ebenen. Denn genau dieses Oszillieren zwischen einer unteren, unbewusst-frühkindlichen Sinnebene und einer oberen, bewusstseinsnahen adoleszenten Sinnebene umschreibt das psychologische Geheimnis dieser Oper.

Nach einer musikantischen Durchführung dieses lebendigen Fugenthemas folgen wiederum die bereits bekannten drei Akkorde, die diesmal als feierliche dreimal drei Akkorde offenbar auf die Einweihungszeremonien der freimaurerischen Priester hindeuten. Es schließt sich noch einmal das Fugenthema an, diesmal jedoch nach Moll gewandt. Das anfangs unbekümmert dahintrippelnde Thema verdüstert sich also und bekommt in der weiteren Durchführung schicksalhaft-bedrohliche Qualitäten, bevor sich gegen Ende die hellen Kräfte des Lichts durchsetzen und in einen Jubel darüber einmünden, dass die Kräfte der Dunkelheit besiegt werden konnten. Es endet wiederum mit den männlich-markanten drei Akkorden, die damit den Rahmen für diese Ouvertüre bilden. Wir werden sehen, dass die Ouvertüre nicht nur als eine Kurzfassung der äußeren Handlung anzusehen ist, sondern auch bereits den verborgenen, unbewussten Sinn der gesamten Opernhandlung zur Darstellung bringt, in der es neben dem Männlichen und Weiblichen in der Tat auch um das Kindliche, das unbewusst Kindliche geht, das als ein zunächst nur geahnter Inhalt in den Tiefen der Unterwelt aufzuspüren sein wird.

4. Die Schlange als Führerin in die Unterwelt

1. Auftritt
Felsige Gegend, hie und da mit Bäumen überwachsen. Auf beiden Seiten Berge. Tamino kommt von einem Felsen herunter, mit einem Bogen, aber ohne Pfeil. Eine Schlange verfolgt ihn.

Nr. 1. Introduktion

Tamino
Zu Hilfe! Zu Hilfe! Sonst bin ich verloren,
der listigen Schlange zum Opfer erkoren!
Barmherzige Götter!
Schon nahet sie sich!
Ach rettet mich!
Ach, schützet mich!
(Er fällt in Ohnmacht. Drei verschleierte Damen kommen herein, jede mit einem silbernen Wurfspieß.)

Die Drei Damen
Stirb, Ungeheuer, durch unsere Macht!
(Sie durchbohren die Schlange.)

Die Oper beginnt mit einer unruhigen aufwühlenden Dramatik, die musikalisch durch die sehr akzentuierten und aufgeregt-spannungsvollen Spielfiguren der Streicher zum Ausdruck gebracht wird. Der Jüngling Tamino wird von einer Schlange verfolgt, der gegenüber er offensichtlich nicht in der Lage ist, sich zu Wehr zu setzen. Infolgedessen fällt er vor Angst in Ohnmacht.

Es muss den Zuschauer verwundern und ihm als nicht ganz glaubwürdig erscheinen, dass ein junger Mann vor einer Schlange in Ohnmacht fällt. Um diese vermeintliche Ungereimtheit des Librettos zu korrigieren, sind viele Regisseure dem Vorbild Goethes gefolgt, der in seiner Weimarer Inszenierung der »Zauberflöte« die Schlange durch einen Drachen ersetzen ließ. Durch die Einführung eines Drachens erscheint das überaus ängstliche Reagieren des Tamino auf jeden Fall stimmiger und realistischer. Aber wenn für diese Szene ein Realismus angestrebt wird, so wäre natürlich die Verwendung eines Löwen oder Tigers noch weit überzeugender und würde zudem auch der Märchenvorlage »Lulu oder die Zauberflöte« aus Wielands Märchensammlung »Dschinnistan« entsprechen. So waren Löwe und Tiger in Mozarts Oper wohl auch zunächst geplant, doch in einem späteren Stadium erfolgte dann die Um-Entscheidung für eine Schlange. Da Schikaneder an knalligen Bühneneffekten stets interessiert war, hätte er sich diese Gelegenheit zum Auftritt eines brüllenden Löwen sicher nicht entgehen lassen.

So müssen wir davon ausgehen, dass wir es hier nicht mit einer mangelnden Sorgfalt des Librettisten zu tun haben, sondern dass es vielmehr seine Richtigkeit hat, dass hier eine Schlange gewählt wurde, ein Tier, dem eine hohe Symbolkraft zukommt. Die Schlange ist von alters her als Begleiterin weiblicher Gottheiten, speziell der Großen Mutter bekannt und besitzt in diesem Zusammenhang auch alle weiblichen Charakteristika des Geheimnisvollen, Rätselhaften und Intuitiven. Dieses Tier ist folglich in dieser Szene als ein Hinweis darauf zu verstehen, dass wir uns im Machtbereich der Großen Mutter, der Königin der Nacht, befinden. Und die Tatsache, dass die Kräfte des Jünglings noch zu schwach sind, um sich gegen die Schlange erfolgreich zur Wehr zu setzen und er in Ohnmacht fällt, bedeutet in symbolischer Übersetzung, dass seine Männlichkeit noch nicht genügend gefestigt ist, um den festhaltenden Kräften des Mütterlichen zu widerstehen und Schritte in die Autonomie zu vollziehen. Diese Deutung steht in voller Übereinstimmung mit der manifesten Handlung dieser Oper, in dessen Mittelpunkt ja ein Initiationsritual zur Erlangung männlicher Standhaftigkeit und Festigkeit steht.

Es hat den Anschein, dass uns die Oper in dieser Szene nicht nur auf die Tatsache einer noch unterentwickelten Männlichkeit hinweisen will, sondern in dieser Szene bereits eine Andeutung darauf zu finden ist, was die Gründe dafür sind, dass die Männlichkeitskräfte des Tamino noch nicht genügend gut entwickelt sind. Diese Gründe sind jedoch nicht offenkundig, sondern liegen in der Tiefe verborgen und machen es erforderlich, in die Welt des Unbewussten, also in die Unterwelt hinabzusteigen. Und damit begegnen wir der zweiten symbolischen Bedeutung der Schlange, die bekanntlich unter der Erde lebt und in Verbindung mit der Unterwelt steht. Nicht ein Löwe oder ein Drachen, wohl aber die Schlange kann uns eine Führerin in die Unterwelt sein, eine Führerin zu einer tieferen, unbewussten Sinnebene, auf der der geahnte, aber verborgene Inhalt zu suchen sein wird.

Für einen psychoanalytischen Musikforscher gehört sein Gegenübertragungserleben, also seine innere gefühlsmäßige Resonanz auf ein Musikstück, zu einem seiner wichtigsten Erkenntnisinstrumente. Die Musik dieser Szene gehört in meinem subjektivem Erleben zu denjenigen Stücken dieser Oper, die mich am stärksten innerlich ergreifen. Es ist eine Dramatik und eine angstvolle Spannung in diesen von den Streichern dominierten Musik, die von einer besonderen Qualität ist. Die affektive Erregung, die sich hier ausdrückt, vermag ich nur schwer mit der Situation eines Adoleszenten, der Schritte aus dem Elternhaus unternimmt, in Verbindung zu bringen. Nein, das Ausmaß an Erschrecken und Bedrohtheit, das in dieser Szene in der Musik zum Ausdruck gelangt und das schließlich in eine Ohnmacht mündet, ist von einer gefühlsmäßigen Qualität, die darauf hinweist, dass hier ein Kleinkind zu Tode erschrickt, weil die Eindrücke zu überwältigend und nicht verkraftbar sind. Die Qualität der Musik ist eine archaische, frühkindliche mit der ihr eigenen höchsten Dramatik und Unmittelbarkeit des Kindlich-Affektiven. Die Tamino verfolgende Schlange steht hier für das bedrohliche, böse Mütterliche, wie es vom Kleinkind in einem ganz bestimmten Abschnitt seiner Entwicklung erlebt wird. In der Verfilmung der Zauberflöte von Ingmar Bergman ist diese listige Schlange ein Papier-Drache, der auf den Zuschauer eher belustigend als bedrohend wirkt, der aber gerade dadurch treffsicher verdeutlicht, wie kleinkindhaft die Angst des Tamino ist.

Entsprechend mütterlich kümmern sich auch die Drei Damen um diesen Jüngling »sanft und schön« und kommen darüber in einen Streit, wem nun dieses herzallerliebste Wesen gehören darf. Es ist eine sehr weiche gemütvolle Szene, die wenig mit einer erwachsenen Erotik zu tun hat aber ganz viel mit einer fürsorglichen mütterlichen Zuwendung zu einem süßen Kleinkind. Tamino muss dieses Feilschen der Damen über sich ergehen lassen. Er ist ohn-mächtig, also ohne Macht. Wir sehen auch hier den Aspekt der Hilflosigkeit des Kleinkindes, das auf Gedeih und Verderb der Mutter ausgeliefert ist. Es ist ein Glück für ihn, dass die Damen sich nicht einigen können, welche ihn mitnehmen darf. Und so ziehen sich schließlich alle drei, ohne übergriffig zu werden, wieder hinter die Bühne zurück. In der Introduktion dieser Oper vermischt sich also eine adoleszente Situation der Ablösung aus dem Elternhaus mit einer frühkindlichen Situation des Ausgeliefertseins in der symbiotischen Mutter-Kind-Beziehung. Diese Darstellung der Überblendung beider Problemfelder besitzt eine hohe psychologische Wahrheit, indem sie auf die entwicklungspsychologische Tatsache verweist, dass in der Pubertät die alten ungelösten präödipalen und ödipalen Konflikte wieder aufbrechen und den jugendlichen Menschen zu einem erneuten Lösungsversuch herausfordern. Damit die notwendige Ablösung von den Eltern in der Adoleszenz wirklich gelingen kann, muss zuvor der Abschied und die Trennung aus der frühen Mutter-Kind-Dyade vollzogen werden. Dazu benötigt der Heranwachsende eine Abgrenzungsfähigkeit, die er unter normalen Umständen in seiner frühen Kindheit durch den Vater erlebt hat. Im guten Falle stand ihm der Vater dabei zur Seite, wenn der kleine Junge erste Schritte von der Mutter weg unternahm.

Doch wo ist – hier im ersten Auftritt – der Vater des kleinen Tamino? Von einem Vater ist weit und breit nichts zu sehen. Hier deutet sich ein Defizit an väterlicher Präsenz und Unterstützung an, das möglicherweise die Ursache für die Not des kleinen Kindes unter der Dominanz der Mutter darstellt.

Diese Not kann man entweder emotional zulassen oder aber abwehrend überspielen Einen Vertreter letzterer Tendenz bekommen wir im Folgenden vorgestellt.

5. Papageno, der lustige Verdränger

Tamino erwacht aus seiner Ohnmacht und ist erstaunt und auch erleichtert, dass er noch lebt. Man könnte auch sagen, er erwacht aus seiner Regression ins Frühkindliche und findet in seinen Adoleszentenstatus zurück. Was könnte ihm helfen? Die Opernhandlung beantwortet diese Situation mit dem Auftritt einer, wie es heißt, »männlichen Figur«.

2. Auftritt
Papageno kommt den Fußsteig herunter, hat auf dem Rücken eine große Vogelsteige, die hoch über den Kopf geht, worin verschiedene Vögel sind; auch hält er mit beiden Händen ein Faunenflötchen; pfeift und singt.

Nr. 2: Arie

Papageno
Der Vogelfänger bin ich ja,
stets lustig, heissa, hopsassa!
Ich Vogelfänger bin bekannt
bei alt und jung im ganzen Land.
Weiß mit dem Locken umzugehn
und mich aufs Pfeifen zu verstehen.
Drum kann ich froh und lustig sein,
denn alle Vögel sind ja mein.
(Pfeift.)

Der Vogelfänger bin ich ja,
stets lustig, heissa, hopsassa!
Ich Vogelfänger bin bekannt
Bei alt und jung im ganzen Land.
Ein Netz für Mädchen möchte ich,
ich fing sie dutzendweis' für mich,
dann sperrte ich sie bei mir ein,
und alle Mädchen wären mein.
(Pfeift.)

Wenn alle Mädchen wären mein,
so tauschte ich brav Zucker ein,
die, welche mir am liebsten wär',
der gäb ich gleich den Zucker her.
Und küsste sie mich zärtlich dann,
wär' sie mein Weib und ich ihr Mann.
Sie schlief an meiner Seite ein,
ich wiegte wie ein Kind sie ein.
(Pfeift.)

Das Auftauchen dieses lustigen Vogelmenschen ist eine echte Überraschung. Man war darauf eingestellt und hatte gehofft, dass nun eine väterlich-männliche Figur in Erscheinung tritt und dem Jüngling dabei behilflich ist, männliche Kraft zu gewinnen. Stattdessen erscheint ein etwas kindlich anmutender Spaßvogel. Papageno ist ein Vogelmensch und fängt Vögel für die nächtliche Königin, also auch er befindet sich im Machtbereich der Mutter.
Der Zuschauer wird erleichtert sein, dass nach dem Ausflug in eine

frühkindliche Separationsproblematik nun eine Entspannung und Erholung von diesem Bedrohlichen eintritt. Und das scheint überhaupt eine der Funktionen der Figur des Papageno zu sein, dass sie einem depressiven Versinken in den unterschwellig dargebotenen psychischen Problemsituationen entgegenarbeitet und einem Stimmungsabfall vorbeugt. Papageno heitert durch seine Späße immer wieder auf. Er ist stets gut gelaunt, pfeift ein Liedchen und solange Speis und Trank vorhanden sind, mangelt es ihm an nichts. Er ist ein gar rechter Naturmensch, wie er sich selber bezeichnet, und wenig darauf erpicht, durch irgendwelche Mühen oder Anstrengungen weitgesteckte Ziele zu erreichen. Nein, er begnügt sich mit einfachen, schlichten, sinnlichen Genüssen.

Von der angekündigten »männlichen Figur« ist also wenig zu entdecken. Stattdessen tritt in dieser Figur wiederum das Kindliche auf die Bühne. Papageno lebt wie eine Kind ausschließlich im Hier und Jetzt, er singt Kinderlieder mit »heissa hopsassa« und die Interaktion mit dem Weiblichen phantasiert er sich als »Zückerchen geben« und »wiege wie ein Kind sie ein«. Also der Zuschauer hat sich zu früh gefreut, dem kindlichen Problemfeld glücklich entronnen zu sein. Stattdessen zieht ihn diese Figur erst einmal so richtig hinein in die oral dominierte Babyzimmerwelt, die von Papageno in verfälschender Weise als ewiges Schlaraffenland verherrlicht wird.

Man kann nicht umhin, Papageno als den Prototyp eines »Verdrängers« zu bezeichnen, allerdings eines sympathischen. Wer eine Veranschaulichung für den Abwehrmechanismus der Verdrängung sucht, findet in diesem Possenreißer das beste Beispiel. Alle inneren Entwicklungsimpulse werden mit Hilfe von Kaspereien oder oralen Genüssen überdeckt und in Schach gehalten. Er lässt seine wirklichen Gefühle nicht an sich herankommen und weicht allen Konfrontationen aus, indem er ausschließlich für die angenehmen und lustvollen Seiten des Lebens offen ist. Die erheiternden Späße Papagenos täuschen den Zuschauer über die Realität hinweg, dass es sich bei dieser Person im Grunde um eine Jammergestalt handelt, die auf dem Niveau kindlicher Oralität fixiert geblieben ist und einer psychischen Weiterentwicklung zum Mann massivste Widerstände entgegensetzt und diese Widerstände auch noch idealisiert und naiv verherrlicht.

Andererseits erfüllen Papagenos Späße für den Zuschauer aber eine wichtige psychologische Funktion. Die Existenz dieses lustigen Verdrängers erlaubt es, dass auf einer unterhalb des Bewussten befindlichen Sinnebene eine sehr ernste psychische Konfliktproblematik ausgebreitet werden kann. Für den Umgang mit dieser Tiefenebene werden dem Zuschauer zwei Möglichkeiten angeboten: Entweder er setzt sich diesem Thema emotional aus und leidet mit Tamino und Pamina, oder aber er übergibt diesen Teil dem gnädigen Mechanismus der Verdrängung, indem er sich mit Papageno identifiziert und dessen heitere Lebensbewältigungsmechanismen übernimmt. Wir rühren hier offenbar an das Erfolgsgeheimnis der Zauberflöte: Die Oper bietet abgewehrte psychische Problemsituationen dar, vor dessen Bewusstwerdung der Zuschauer jedoch geschützt wird, indem ein Prototyp der Verdrängung auf freundliche Weise dazu einlädt, solche schmerzlichen Gefühle nicht über die Schwelle des Bewusstseins treten zu lassen. Aber immerhin hat man dem Drängen der unbewussten Psyche genüge getan und sich zumindest unbewusst mit dem Abgewehrten beschäftigt und damit ein Stück innerer Konfliktdynamik beruhigt. Der Opernbesuch erfüllt damit eine ähnliche Funktion wie der ungedeutete nächtliche Traum: Man fühlt sich kurzfristig entlastet ohne wirklich erinnert zu haben.

Dass es sich bei Papageno um ein rechtes Kleinkind handelt, dafür liefert das weitere Operngeschehen unzählige Beweise. So brüstet sich Papageno im 3. Auftritt, die Schlange erschlagen zu haben. Daraufhin wird er von den Drei Damen mit einem Schloss vor den Mund bestraft, also ganz so, wie man das bei kleinen Kindern tut: »Schlösschen vor den Mund«. Dabei erfahren wir hier erstmalig auch etwas über die innere Haltung der bislang noch im Hintergrund befindlichen Großen Mutter. Es handelt sich offenbar um eine Mutter, die es nicht mag, wenn sich ihr Kind seiner eigenen Kräfte rühmt und einen individuellen Stolz zu entwickeln beginnt. Diese Mutter erwartet Gehorsam und Unterordnung. Autonomiebestrebungen sind nicht erwünscht und werden sofort bestraft.

Ebenfalls kleinkindhaft geht es im anschließenden »Kennenlerngespräch« zwischen Tamino und Papageno zu, die sich gegenseitig befragen – wie das kleine Kinder so tun –, wer jeweils Vater und Mutter sind und wie sie heißen. Und wie Kleinkinder tun sie sich schwer damit, verständliche Angaben darüber zu machen, wer Vater und Mutter sind und noch weniger können sie deren Namen benennen. Tamino weiß immerhin soviel, dass er aus »fürstlichem Geblüte« stammt und deswegen ein Prinz ist. Hier klingt die frühkindliche narzisstische Position der idealisierten Elternimago an: Für den zweijährigen Jungen ist der Pappi der Größte, ein Held oder ein Fürst. Aber auch die Mutterimago wird in diesem Alter idealisiert. Auf die Frage: »Sag mein guter Freund, warst Du schon so glücklich, die sternflammende Königin zu sehen?« reagiert Papageno mit kindlicher Ehrfurcht vor der Großen Mutter: »Welche Sterbliche kann sich rühmen, sie je gesehen zu haben.« Also die Mutter ist gar keine Sterbliche sondern eine Unsterbliche, eine göttliche Person. Und so wird sie uns Mozart in seiner Musik ein wenig später auch vorstellen.

Wenn wir einmal versuchen, die unbewusste Botschaft der ersten beiden Auftritte dieser Oper zusammenfassend zu formulieren, so könnte diese folgendermaßen lauten: Der Protagonist Tamino befindet sich in einer starken Abhängigkeit zur frühen Mutter, und es gelingt ihm bislang nicht, sich von ihr abzulösen.

Was hindert ihn? Was könnte ihm weiterhelfen?

Die Antwort auf diese beiden Fragen liegt in der Figur des Papageno: Wenn Tamino seine wahren Gefühle gegenüber der als festhaltend und bedrohlich erlebten Mutter der frühkindlichen Dyade nicht zulässt, sondern verdrängt hält, bleibt er ein Papageno, d. h. ein auf kindlich oraler Stufe fixiertes Kind, das die Weiterentwicklung zum Mann verfehlt. Weiterhelfen kann nur ein aufrichtiger Ausdruck der inneren emotionalen Befindlichkeit gegenüber der mütterlichen Dominanz.

Was den aufrichtigen Ausdruck seiner jugendlichen Liebessehnsucht angeht, so wird ihm dies in der nun folgenden Arie bereits gut gelingen.

6. Adoleszentes Begehren und frühkindliche Affektivität

Am Ende dieser Szene überreichen die Damen dem Tamino ein Bild, und zwar ein Bild von Pamina, der Tochter der großen Fürstin, wie es heißt. Und sie hoffen, dass dieses Bild dem Tamino nicht gleichgültig ist. Und in der Tat ist es beim Anblick dieses Bildes bereits um Tamino geschehen. Er singt: »Dies Bildnis ist bezaubernd schön«, die berühmte Bildnis-Arie.

An dieser Stelle springt das frühkindliche Geschehen wieder auf die adoleszente Ebene, auf der ein Jüngling seiner Sehnsucht nach einer Geliebten einen innigen Ausdruck verleiht.

Vierter Auftritt

Nr. 3: Arie

Tamino
Dies Bildnis ist bezaubernd schön,
wie noch kein Auge je gesehn!
Ich fühl es, wie dies Götterbild
Mein Herz mit neuer Regung füllt.
Dies Etwas kann ich zwar nicht nennen,
doch fühl ich's hier wie Feuer brennen.
Soll die Empfindung Liebe sein?
Ja, ja! Die Liebe ist's allein!
O wenn ich sie nur finden könnte!
O wenn sie doch schon vor mir stände!
Ich würde – würde – warm und rein –
Was würde ich?
Ich würde sie voll Entzücken
An diesen heißen Busen drücken,
und ewig wäre sie dann mein.

Charakteristisch für die Bildnis-Arie ist der Sextsprung in der Singstimme zu Beginn der Arie. Die Sexte übersteigt den normalen Ambitus einer Quinte, d. h. dieses übermäßige Intervall schwingt sich über den bisherigen kindlichen Horizont hinaus und erschließt neue Räume des Erlebens. Die Imago einer Geliebten erweckt in Tamino sehnsuchtsvolle Regungen, die gleichzeitig einen Aufbruch zu einer neuen Rolle bedeuten, der Rolle eines sexuell begehrenden Mannes. Doch – so müssen wir gleich wieder einschränkend fragen – handelt es sich wirklich um eine selbst erwählte Frau in der Fremde, nach der sich Tamino hier sehnt oder ist dieses »Bildnis« nicht doch ein familiäres Objekt,

das von der Königin der Nacht, also von der Mutter ausgesucht wurde?
Diese Szene stellt offenbar eine Verdichtung verschiedener Bilder und Aspekte dar. Zum einen ist darin die Dominanz der Mutter betont, die nicht den Sohn wählen lässt, sondern die selber bestimmt, wen der Sohn heiraten soll. Zum anderen klingt mit »Sohn« und »Tochter« etwas Inzestuöses an, was erneut auf die frühkindliche Zeit (vor der Auflösung der ödipalen Konfliktsituation) verweist, wo sich das Universum des Kindes auf die Familie beschränkt und diese Menschen seine Liebesobjekte sind. Und drittens weist diese Szene auch auf eine innere Realität von Tamino hin, dass nämlich seine Weiblichkeitsimago, also das vorgestellte Bild einer Geliebten, noch sehr vom Bild der Mutter geprägt ist. Söhne ziehen zwar in die Welt, aber oftmals suchen sie dort nicht das Fremde, sondern eher das Vertraute, d.h. die Mutter. Die Imago der ersehnten Frau ist in Kindheit und Jugend noch sehr stark vom Bild der Mutter geprägt. In der frühen Kindheit sind Geliebte und Mutter noch identisch. Am Ende der Ödipusphase wird dem kleinen Jungen jedoch klar, dass für ihn die Mutter als Geliebte nicht zu haben ist. Folglich wird er auf später vertröstet: Wenn er einmal groß ist, so wird er auch eine Frau an seine Seite bekommen, die so groß und schön ist wie die Mutter, die er aber außerhalb des familiären Umfeldes selber suchen muss. Aufgrund des Inzestverbotes ist es dann in der Jugend zwar nicht mehr die Mutter, die begehrt wird, aber das Mutterbild prägt sehr stark das »Bildnis«, dass sich der Adoleszente von seiner Geliebten macht.

7. Die faszinierende Macht des Mütterlichen in der Mutter-Kind-Dyade

Die Drei Damen übermitteln dem Tamino, dass das »mütterliche Herz« der Königin der Nacht beschlossen hat, ihn »ganz glücklich zu machen«. Allerdings nur unter einer Bedingung: Tamino muss die geraubte Pamina dem Bösewicht Sarastro entreißen und zur Mutter zurück bringen. Um dieses zu erreichen, setzt die Königin der Nacht in ihrem Gesang alle ihr zur Verfügung stehenden weiblichen und mütterlichen Verführungskünste ein, die auf Tamino – wie wir sehen werden – nicht ohne Wirkung bleiben.

Fünfter Auftritt

Tamino
Ihr Götter, was ist das?

Die Drei Damen
Fasse dich! Es verkündet die Ankunft unserer Königin!
(*Donner*)
Sie kommt! (*Donner*) – Sie kommt! (*Donner*) – Sie kommt!

Verwandlung
Die Berge teilen sich auseinander, und das Theater verwandelt sich in ein prächtiges Gemach.

Sechster Auftritt
Die Königin sitzt auf einem Thron, welcher mit transparenten Sternen geziert ist.

Nr. 4: Rezitativ und Arie

Die Königin der Nacht
O zittre nicht, mein lieber Sohn!
Du bist ja schuldlos, weise, fromm.
Ein Jüngling, so wie du, vermag am besten
dies tiefgebeugte Mutterherz zu trösten.
Zum Leiden bin ich auserkoren,
denn meine Tochter fehlet mir;
durch sie ging all mein Glück verloren:
Ein Bösewicht entfloh mit ihr.
Noch seh' ich ihr Zittern,
mit bangem Erschüttern
ihr ängstliches Beben,
ihr schüchternes Streben.
Ich musste sie mir rauben sehen:
»Ach helft!« war alles, was sie sprach;
allein vergebens war ihr Flehen,
denn meine Hilfe war zu schwach. –
Du wirst sie zu befreien gehen,
du wirst der Tochter Retter sein.
Und werd ich dich als Sieger sehen,
so sei sie dann auf ewig dein.

Bei wem noch Zweifel darüber bestanden, die Beziehung der Königin der Nacht zu Tamino als eine Mutter-Sohn-Beziehung aufzufassen, der erhält durch ihre Ansprache »mein lieber Sohn« gleich in der ersten Zeile der Arie eine letzte Gewissheit in dieser Frage. Dass es sich bei der Königin der Nacht um eine wahrhaft mächtige, faszinierende archetypische Mutter handelt, davon wird der Zuhörer durch die Musik Mozarts eindringlich überzeugt. Nach dieser großartigen Arie besteht kein Zweifel mehr daran, dass die Königin der Nacht die grandiose Mutter der frühen Kindheit verkörpert, mit der der Sohn sich in einer innigen Zweisamkeit verschmolzen erlebt. Der Eindruck, den die Musik macht ist überwältigend und erzeugt im Hörer im wahrsten Sinne des Wortes Ehrfurcht, also sowohl Ehrerbietung als auch Furcht, angesichts der Kraftfülle und Mächtigkeit des Gesangs dieser Frau. Es ist dies die ganz frühe Mutter vor dem Erleben von Ambivalenz. Hier ist die Mutter einfach nur groß und bewunderungswürdig. Nicht anders erlebt es Tamino, der sich am liebsten sofort auf den Weg machen möchte, um dieses tiefgebeugte Mutterherz nicht länger leiden zu sehen.

Ist diese Mutter aus der Perspektive des symbiotisch verschmolzenen Kleinkindes eine wahrhaftige Königin, so deuten sich für den ein wenig in Distanz tretenden Beobachter bereits dunkle Aspekte dieser Frau an. Man gewinnt zunehmend den Eindruck, dass wir es hier mit dem Inbegriff einer dominanten festhaltenden Mutter zu tun haben, und zwar sowohl gegenüber der Tochter als auch gegenüber dem Sohn. Dass die Tochter ihr geraubt wurde erlebt sie weniger als ein Unglück für die Tochter, sondern vor allem als ein Unglück für sich selbst. Sie denkt diesbezüglich nur an sich und versinkt in Selbstmitleid darüber, dass nun all ihr Glück verloren ist.

Aber sie ist auch dominant gegenüber dem Sohn. Es kümmert diese Mutter wenig, was Tamino innerlich bewegt und welche Pläne er hat. Ohne auch nur einmal danach zu fragen, gibt sie ihm im Befehlston mit einer dreimaligen Wiederholung des »Du« zu verstehen: »Du, Du, Du wirst sie zu befreien gehen!«. Sie wartet auch keine Reaktion von Seiten Taminos ab, sondern rauscht unmittelbar nach Schluss ihrer »Befehls-Arie« mit den Drei Damen von dannen.

Bevor sich im weiteren Verlauf der Opernhandlung diese Nachtaspekte der Mutter noch deutlicher ausprägen, werden zunächst noch einmal die positiven und beglückenden Aspekte der frühen vorambivalenten Mutter-Kind-Beziehung vor dem Zuschauer ausgebreitet. Es treten die Drei Damen auf und übergeben im Auftrag der Königin der Nacht zwei Geschenke: eine goldene Flöte für Tamino und ein Glockenspiel für Papageno. Diese beiden Geschenke sind sehr schöne Symbole für das, was die frühe Mutter-Kind-Dyade dem Säugling an Lebensrüstwerkzeug mitzugeben hat: Es ist in diesem Zusammenhang das Musische und Kreative, wie auch eine Harmonie in der Mutter-Kind-Beziehung, die den Beschenkten zur Bewältigung der zu erwartenden Lebensaufgaben mit auf den Weg gegeben wird. Man könnte auch sagen, es ist das Urvertrauen, das vergleichbar den magischen Kräften von Flöte und Glockenspiel dem Kind in Situationen arger Bedrängnis zur Verfügung steht, um Gefühle der Niedergeschlagenheit wieder in Lebensmut umzuwandeln. Darüber hinaus hat auch alles Künstlertum und alles kreative Erleben seinen Ursprung in der frühen Mutter-Kind-Matrix. Die Verschmolzenheit mit der Mutter ist das Urbild für das künstlerische Schaffen, das als eine symbiotische Verbundenheit mit einer höheren Macht erlebt wird, die den

Künstler geistig nährt und inspiriert, so wie es die Mutterbrust am Beginn des Lebens getan hat. Es ist das Bild der spendenden und reich belohnenden Mutter, das hier im 6. Auftritt in Gestalt der Geschenke heraufbeschworen wird. Wer so reich beschenkt wird, der fühlt sich gut gerüstet, um sich mutig und voller Zuversicht auf den Weg zu machen, um die Abenteuer dieser Welt zu bestehen.

Achter Auftritt

Nr. 5: Quintett

Erste Dame
O Prinz, nimm dies Geschenk von mir!
Dies sendet unsere Fürstin dir.
(gibt ihm eine goldene Flöte)

Die Drei Damen
Hiermit kannst du allmächtig handeln,
der Menschen Leidenschaft verwandeln.
Der Traurige wird freudig sein,
den Hagestolz nimmt Liebe ein...

(zu Papageno gewandt)
Doch bestimmt die Fürstin dich,
mit dem Prinzen ohn' Verweilen
Nach Sarastros Burg zu eilen.
Hier nimm dies Kleinod, es ist dein.
(gibt ihm ein stählernes Glockenspiel)...

Silberglöckchen, Zauberflöten
Sind zu eurem Schutz vonnöten.
Lebet wohl! Wir wollen gehn,
Lebet wohl auf Wiedersehn!

Tamino
Doch schöne Damen saget an –

Papageno
Wie man die Burg wohl finden kann?

Die Drei Damen
Drei Knäblein, jung, schön, hold und weise,
umschweben euch auf eurer Reise.
Sie werden eure Führer sein,
folgt ihrem Rate ganz allein.

Wie wir sehen, kommt zu dem Geschenk des Musisch-Emotionalen (Zauberflöte und Glockenspiel) noch ein Drittes hinzu, das sind die Drei Knaben. Im Zuge der Tendenz des Librettos, der Königin der Nacht alles Schlechte zuzuweisen, wird vielfach übersehen, dass die Drei Knaben dem Bereich des Mütterlichen entstammen (wenngleich sie in der weiteren psychischen Entwicklung zu Übermittlern wichtiger männlicher Eigenschaften werden und ab da dem Reich des Sarastro zuzuordnen sind). Aber zunächst einmal sind sie das Produkt einer gelungenen frühen Mutter-Kind-Dyade, aus der das Kleinkind mit einem Urvertrauen, einem sicheren Instinkt und einem gefestigten Selbst hervorgeht. So erscheint mir mit diesen drei

Eigenschaften, Urvertrauen, Instinkt und gefestigtes Selbst, die Funktion und Bedeutung der Drei Knaben in der Zauberflöte umschrieben zu sein. Die Drei Knaben treten immer dann auf, wenn sich die Protagonisten in einem Zustand der Verwirrung, der Verzweiflung oder der Ausweglosigkeit befinden, also in Zeiten einer psychischen Krise. Die Drei Knaben übernehmen dann die wichtige Funktion, gleichsam als innere Stimmen oder gute innere Objekte, die Psyche wieder zu stabilisieren, indem sie Lebensmut und Zielstrebigkeit vermitteln.

Der gute, vertrauensvolle und verlässliche Kontakt zu den eigenen Gefühlen ist etwas sehr wichtiges und wird maßgeblich in der frühen Mutter-Kind-Matrix vermittelt. In der Beziehung zur Mutter erfährt das kleine Kind, dass seine Gefühle wichtig und gut sind und man sich auf diese inneren Kompassinstrumente verlassen kann. Das Weibliche und das Musische gehören zusammen und vermögen auf den eigenen emotionalen Haushalt positiven Einfluss zu nehmen. Bei Störungen des narzisstischen Gleichgewichts darf man diese mütterlichen Kräfte, die im eigenen Inneren zur Verfügung stehen, getrost aufrufen, um sich durch sie gleichsam auf magische Weise wieder in die emotionale Balance zu bringen.

Mit solchen guten mütterlichen Gaben ausgestattet, sind die beiden Jünglinge nun bereit zum Aufbruch. Doch sogleich überkommt sie wieder eine gewisse Bangigkeit, und sie bitten noch um einen Hinweis, wo die Burg des Sarastro wohl zu finden ist. Doch hierauf bekommen sie sinngemäß jene Antwort, die jeder gute Psychotherapeut auch geben würde: »Suchet, so werdet ihr finden«. All die guten Dinge, die das Selbst an Stärkung durch die liebevolle und empathische Beziehung der Mutter erfahren hat, stehen ja als stabile gute innere Objekte für den weiteren Entwicklungsprozess hilfreich zur Seite.

Defizite in dieser psychosozialen Grundausstattung können den Heranwachsenden allerdings auf dem weiteren Lebensweg behindern oder scheitern lassen. So kann er z. B. zum Sklaven seiner Triebe und Süchte werden, eine Art des Scheiterns, die uns die folgende Handlung vor Augen führt.

8. Die Problematik des abwesenden Vaters

Szenenwechsel. Wir befinden uns im Palast des Sarastro. Monostatos, ein schwarzer Mohr, hat sich Paminas bemächtigt und hegt Vergewaltigungs- und Mordgedanken gegen sie.

Elfter Auftritt
Monostatos. Pamina, die von Sklaven hereingeführt wird.

Nr. 6 Terzett

Monostatos
Du feines Täubchen nur herein!

Pamina
O welche Marter, welche Pein!

Monostatos
Verloren ist dein Leben!

Pamina
Der Tod macht mich nicht beben,
nur meine Mutter dauert mich;
Sie stirbt vor Gram ganz sicherlich.

Monostatos
He, Sklaven! Legt ihr Fesseln an!

Mein Hass soll sie verderben
(Sie legen ihr Fesseln an.)

Pamina
O lasst mich lieber sterben,
weil nichts Barbar, dich rühren kann.
(Sie sinkt auf einem Sofa in Ohnmacht.)

Monostatos
Nun fort! Lasst mich bei ihr allein.
(Sklaven ab)

Zwölfter Auftritt

Papageno
(von außen am Fenster, ohne gleich gesehen zu werden)
Wo bin ich wohl? Wo mag ich sein?
Aha, da find ich Leute!
Gewagt, ich geh hinein.
(Geht hinein.)
Schön Mädchen, jung und fein,
viel weißer noch als Kreide!

Monostatos und Papageno
(sehen sich – erschrickt einer über den andern)
Hu! Das ist – der Teu-fel si-cherlich!
Hab Mitleid – verschone mich!
Hu! Hu! Hu!

(Laufen beide ab.)

Diese Szene ist natürlich sehr bedeutsam, da sie eine zentrale Krisensituation des heranwachsenden Mannes wie auch der heranwachsenden Frau thematisiert: die erste Begegnung mit männlicher Sexualität. Für den Jungen ist das Andrängen der eigenen genitalen Triebwünsche, die in dieser Szene durch die Figur des Monostatos verkörpert werden, verwirrend und ängstigend. Diese Kräfte einerseits zuzulassen und andererseits zu kontrollieren, ist ein drängendes Problem für den pubertierenden jungen Mann. Will er ein Mann werden, so muss er lernen, sein sexuelles Begehren gegenüber einer jungen Frau auszudrücken und aktiv zu gestalten. Da diese Kräfte jedoch gleichzeitig in enger Nachbarschaft zu aggressiven Affekten stehen, geht von ihnen gleichzeitig etwas Bedrohliches aus, das die Sexualität mit viel Angst auflädt. So verlangt diese neue Rolle vom jungen Mann zusätzlich zu einem Vertrauen in die in seinem Inneren erwachenden Triebspannungen auch eine genügend gefestigte männliche Struktur, die ihm zur notwendigen Triebkontrolle zur Verfügung steht. Diese Festigkeit wird in der Regel durch den Vater symbolisiert und vermittelt. Am Vater erfährt der Junge im günstigen Falle, was es heißt, gut abgegrenzt, diszipliniert und durchsetzungsstark zu handeln. Dem gemäß ist es nicht verwunderlich, dass Männer, die ihren Vater entbehren mussten, Schwierigkeiten damit haben, ihre Triebe zu kontrollieren. Neben den sexuellen sind es auch die aggressiven Triebkräfte (»Mein Hass soll dich verderben!«), die Monostatos in dieser Szene kaum in den Griff bekommt. Die Musik ist dementsprechend spannungsvoll und voll aggressiver Dramatik.

So wird mit der Figur des Monostatos implizit die Thematik und

Problematik des abwesenden Vaters in das Operngeschehen eingeführt. Spätestens an diesem Punkt wird dem Zuschauer bewusst, dass die Vakanz des Väterlichen zu einem immer drängenderen Problem wird. Das Mütterliche kommt an einen Punkt, wo es durch ein väterliches Pendant ergänzt und begrenzt werden muss, damit es nicht »aus seinem Wirkungskreise schreitet«, wie Sarastro wenig später formulieren wird. Doch im bisherigen Geschehen der Opernhandlung fehlt das Väterliche, was für die kindliche wie für die adoleszente Entwicklung äußerst problematisch ist und zum Versagen in bestimmten Belastungssituationen führen kann.

So droht auch die junge Pamina in ihrer ersten Konfrontation mit männlicher Sexualität zu scheitern. Sie ist dieser Konfrontation noch nicht gewachsen und fällt in Ohnmacht. Dass sie in solch einer beängstigenden Situationen lieber an die Sorgen der Mutter denkt, als an ihr eigenes Missgeschick, lässt sie weiterhin als eine Tochter erscheinen, die noch kleinkindhaft an die Mutter gebunden ist und aus eigener Kraft diese Konfrontation noch nicht zu handhaben versteht. Das gedankliche Beschäftigtsein mit der Mutter dient darüber hinaus dazu, ihre eigene Gefahrensituation nicht realistisch zur Kenntnis zu nehmen und einer angemessenen Reaktion auf das bedrängende Verhalten des Mohren auszuweichen. So ist diese Situation für beide überfordernd: Die männliche Figur bekommt die sexuellen und aggressiven Impulse nicht unter Kontrolle und die junge Frau findet keine angemessene Handlungsweise, um sich in dieser Situation zur Wehr zu setzen.

In dieser äußerst bedrohlichen Situation halten es Schikaneder und Mozart für angebracht, den Zuschauer erst einmal wieder zu entängstigen und zu entspannen. So muss Papageno zu einer

Auflockerung durch eine erheiternde spielerischen Einlage nach der Art: »Wer hat Angst vorm schwarzen Mann« beitragen. Bei diesem »Huh, Huh, Huh-Duett« von Papageno und Monostatos handelt es sich gleichsam um einen Rettungsversuch durch Regression auf die Stufe der vorsexuellen Zeit der frühen Kindheit. Die Beiden bleiben zwar beim Thema Angst, aber sie entkleiden es der sexuellen Thematik und machen daraus ein asexuelles Kleinkinderspiel. Die jungen Menschen im Zuschauerraum wird's freuen.

Standen gerade noch die Gefahren der genitalen männlichen Sexualität im Raum, so wird im Folgenden der liebevolle Teil zwischengeschlechtlicher Bezogenheit besungen. Die Not des nicht gut genug zur Verfügung stehenden Männlichen wird erst einmal wieder beiseite gelegt, und man versucht davon abzulenken, indem Papageno und Pamina in einem Liebesduett sich der gegenseitigen guten und liebevollen Absichten von »Mann und Weib und Weib und Mann« versichern, um sich angesichts der gerade erlebten Bedrohungen gegenseitig zu entängstigen und zu beruhigen. Aber es ist ein Pfeifen von verängstigten Kindern im dunklen Wald, was stimmiger Weise auch darin zum Ausdruck kommt, dass hier noch nicht der Held und die Heldin ihr Liebesduett singen, sondern der kleinkindhafte Papageno mit dem noch ängstlichen Mädchen Pamina sich gegenseitig Mut zusingen. Im Vorgriff auf ersehnte zukünftige Liebesbeziehungen, versuchen sie bereits einmal probeweise in die Rolle von großen Liebenden zu schlüpfen.

Vierzehnter Auftritt

Nr. 7: Duett

Pamina, Papageno
Bei Männern, welche Liebe fühlen,
fehlt auch ein gutes Herze nicht.

Papageno
Die süßen Triebe mitzufühlen,
ist dann der Weiber erste Pflicht.

Beide
Wir wollen uns der Liebe freun,
wir leben durch die Lieb' allein.

Pamina
Die Lieb' versüßet jede Plage,
ihr opfert jede Kreatur.

Papageno
Sie würzet unsere Lebenstage,
sie wirkt im Kreise der Natur.

Beide
Ihr hoher Zweck zeigt deutlich an,
nichts Edlers sei als Weib und Mann.
Mann und Weib und Weib und Mann

Reichen an die Gottheit an.

Wir hören in der Musik den gemeinsamen Puls zweier liebender Herzen. Die Herzen machen hier wirklich »bum-bum« (in der Streicherbegleitung).

Diese Musik, die von Herzen kommt und zu Herzen geht, ist gerade deshalb so anrührend, weil sie von zwei Menschen gesungen wird, die in Liebesangelegenheiten noch jung und unerfahren sind und deren erste mann-weiblichen Begegnungen noch mit kindlichen, freudig-bangen Gefühlen durchmischt sind. Kindlich-jugendliche Frische und ein gefühlvolles Liebessehnen werden durch Mozarts Musik sehr treffend und ausdrucksstark in melodische Klänge umgesetzt. So ist es nicht verwunderlich, dass dieses Liebesduett zu einem der berühmtesten der Operngeschichte avanciert ist.

Die Not der Vakanz des Väterlichen lässt sich zwar eine Zeit lang verdrängen – eine Form der Abwehr, für die Papageno ein liebenswerter Vertreter ist – aber nicht auf lange Sicht. So scheint es denn im 15. Auftritt des 1. Aktes nun endlich soweit zu sein, dass väterliche Rettung naht: Tamino gelangt an die Pforten des Weisheitstempels, in welchem Sarastro, der väterliche Weise, sein Domizil haben soll.

Fünfzehnter Auftritt

Verwandlung
Das Theater verwandelt sich in einen Hain. Ganz im Grunde der Bühne ist ein schöner Tempel, worauf diese Wort stehen: »Tempel der Weisheit«. Dieser Tempel führt mit Säulen zu zwei anderen Tempeln; rechts auf dem einen steht: »Tempel der Vernunft«. Links steht: »Tempel der Natur«.
Drei Knaben führen den Tamino herein, jeder hat einen silbernen Palmzweig in der Hand. Später ein Priester.

Nr. 8: Finale

Die Drei Knaben
Zum Ziele führt dich diese Bahn,
doch musst du, Jüngling, männlich siegen.
Drum höre unsere Lehre an:
Sei standhaft duldsam und verschwiegen.

Tamino
Ihr holden Knaben, sagt mir an,
ob ich Pamina retten kann.

Die Drei Knaben
Dies kundzutun steht uns nicht an.
Sei standhaft, duldsam und verschwiegen.
Bedenke dies; kurz, sei ein Mann,

dann Jüngling, wirst du männlich siegen.

Tamino
Die Weisheitslehre dieser Knaben
Sei ewig mir ins Herz gegraben...

Die Drei Knaben, als die guten inneren Stimmen des auf Weiterentwicklung drängenden stabilen Selbst, machen hier richtiger Weise klar, dass eine Überwindung des Defizits an männlicher Stärke und Abgrenzungsfähigkeit angesagt ist: »Zum Ziele führt dich diese Bahn, doch musst du, Jüngling, männlich siegen.« Da Tamino noch unsicher darüber ist, was es heißt, männlich zu sein, konkretisieren die Knaben die männlichen Eigenschaften und bringen sie auf die griffige Trias: »Sei standhaft, duldsam und verschwiegen«.

Nun ist es aber so, dass sich diese Eigenschaften nicht durch eine denkerische Haltung und Selbstdisziplin erlernen lassen, sondern wesentlich durch die Präsenz einer konkreten väterlichen Person, die diese Eigenschaften vorlebt und mit der sich der junge Mensch identifizieren kann. Insofern müssen uns Bedenken kommen, angesichts der sich andeutenden Tendenz der Oper, die Auffüllung an Männlichkeit durch eine Weisheitslehre erreichen zu wollen. Hier mischt sich nun erstmalig freimaurerisches Gedankengut in das Operngeschehen ein, das bislang eindeutig entwicklungspsychologischen Gesetzmäßigkeiten gefolgt ist. Und auf der Grundlage des entwicklungspsychologischen Modells wird es vor allem darauf ankommen, wie überzeugend männlich und verlässlich die konkrete väterliche Person, also Sarastro, sein wird, und weniger darauf, wie hochstehend und anspruchsvoll seine Weisheitslehre ist.

So erleben wir an diesem Sarastro sogleich etwas Befremdliches. Es ist nicht leicht, zu diesem Vater zu gelangen, der sich zunächst einmal verbirgt und es dem Sohn schwer macht, ihn zu finden. Statt dem Sohn spontan und offen entgegenzutreten, gibt er ihm Rätsel auf und erschwert damit eine Annäherung. Tamino sieht sich drei Tempelportalen gegenüber, wobei ihm an zweien ein barsches »Zurück!« entgegenschallt, bevor ihm am dritten Portal ein Bediensteter der väterlichen Welt, ein freimaurerischer Priester, öffnet.

Mit dem Auftauchen des Weisheitstempels, der vom »Tempel der Vernunft« (zur Rechten) und dem »Tempel der Natur« (zur Linken) eingerahmt wird, wird die bisherige Ebene einer Märchenoper, die Metaphern aus dem Bereich der unbewussten Psyche benutzt und entsprechend tiefenpsychologisch gedeutet werden konnte, von einer neuen Ebene durchkreuzt, die nicht psychologischen, sondern philosophisch-ethischen Regeln folgt. Mit dem Eintritt dieser freimaurerischen Dogmatik erfährt das Operngeschehen einen Bruch in seiner Stringenz. Objektiv betrachtet ist dies ein Kunstfehler, der den künstlerischen Wert des Librettos mindert, so dass der Eindruck eines Machwerks oder Flickwerks für diese Stelle zu Recht erhoben werden kann (Rosenberg 1978).

Für eine psychoanalytische Perspektive muss das aber nicht unbedingt eine Wertminderung bedeuten, sondern es sind oftmals gerade die Bruchstellen, die von besonderem Interesse sind, da sich mitunter an ihnen ein Einfließen unbewusster Themen ereignet. Es wird im Folgenden darauf zu achten sein, inwieweit dieses Aufeinandertreffen von Märchenerzählung und philosophischer Gesinnungslehre die bisherige entwicklungspsychologische Logik unterbricht oder ihr entgegensteht.

9. Die Unterstützung des Ablösungsprozesses durch den Vater

Der aus dem Matriarchat kommende Jüngling mit seinem einprogrammierten Hass auf das Männliche, trifft nun erstmals auf einen Vertreter dieser für ihn neuen, männlichen Welt. Da dieser Mann, ein Priester des Weisheitstempels, ihm freundlich begegnet und dem erwarteten Bild eines Bösewichts so gar nicht entspricht, ist Tamino zunächst einmal verwirrt. Sein Feindbild stimmt nicht mehr und das wirft ihn in eine tiefe Depression.

15. Auftritt

Nr. 8: Finale

...

Priester
Sarastro hassest du?

Tamino
Ich hass ihn ewig! Ja!

Priester
Nun gib mir deine Gründe an.

Tamino
Er ist ein Unmensch, ein Tyrann.

Priester
Ist das, was du gesagt, erwiesen?

Tamino
Durch ein unglücklich Weib bewiesen,
das Gram und Jammer niederdrückt.

Priester
Ein Weib hat also dich berückt?
Ein Weib tut wenig, plaudert viel.
Du, Jüngling, glaubst dem Zungenspiel?...

Tamino
Wo ist Pamina, die er uns geraubt?
Man opferte vielleicht sie schon?

Priester
Dir dies zu sagen, teurer Sohn,
ist jetzt und mir noch nicht erlaubt.

Tamino
Erklär dies Rätsel, täusch mich nicht!

Priester
Die Zunge bindet Eid und Pflicht!

Tamino
Wann also wird das Dunkel schwinden?

Priester
Sobald dich führt der Freundschaft Hand
ins Heiligtum zum ew'gen Band.
(Geht ab.)

Tamino *(allein)*
O ew'ge Nacht, wann wirst Du schwinden?
Wann wird das Licht mein Auge finden?

Einige Stimmen
Bald, Jüngling, oder nie!

Tamino
Bald, sagt ihr, oder nie?
Ihr Unsichtbaren, saget mir,
lebt denn Pamina noch?

Die Stimmen
Pamina lebet noch!

Tamino *(freudig)*
Sie lebt!
Ich danke euch dafür.
(Er nimmt seine Flöte heraus.)
O wenn ich doch imstande wäre,
Allmächtige, zu eurer Ehre
mit jedem Tone meinen Dank zu schildern
wie er hier, hier entsprang!

(aufs Herz deutend. Er spielt, sogleich kommen
Tiere von allen Arten hervor, ihm zuzuhören.
Er hört auf, und sie fliehen. Die Vögel pfeifen dazu.)
Wie stark ist nicht dein Zauberton,
weil, holde Flöte, durch dein Spielen
selbst wilde Tiere Freude fühlen.
Doch nur Pamina bleibt davon.
(Er spielt.)
Pamina! Höre, höre mich! Umsonst!
(Er spielt.)
Wo, ach, wo find ich dich?
(Er spielt, Papageno antwortet von innen
mit seinem Flötchen.)
Ha, das ist Papagenos Ton!
(Er spielt. Papageno antwortet mehrmals.)
Vielleicht sah er Pamina schon,
vielleicht eilt sie mit ihm zu mir,
vielleicht führt mich der Ton zu ihr.
(Eilt ab.)

Man kann sagen, dass wir mit diesem 15. Auftritt des 1. Aktes nun auch psychologisch an eine Bruchstelle, eine »Caesura« gelangen, die sowohl den zentralen Konflikt, der die unbewusste Dynamik dieser Oper ausmacht, deutlich auf den Punkt bringt, als auch erste Entwicklungsschritte aufscheinen lässt.

Im Bereich der frühen Mutter-Kind-Dyade ist Tamino, wie wir es im 1. Akt erlebt haben, gegen das Männliche eingestimmt worden. In der so reichlichen Mitgift der Mutter befand sich neben den guten Gaben offenbar auch eine schwere Bürde für den kleinen Jungen, die darin bestand, dass der Vater und damit das Männliche entwertet und als ausschließlich böse dargestellt wurde. Diese Indoktrination der Mutter hatte offensichtlich den Zweck, den Jungen an sich zu binden und eine Ablösung in Richtung Autonomie zu verhindern. Dieses Ansinnen hat solange seine Wirkung getan, wie die Situation des abwesenden Vaters bestand und das Bild vom Vater – als einem Bösewicht – nicht mit der Realität verglichen werden konnte.

Nun ist es aber soweit, dass ein Vertreter der männlichen Welt auftaucht und Tamino ist erst einmal verwirrt. Sein von der Mutter übernommenes Vaterbild fällt angesichts des freundlichen Verhaltens dieses Priesters in sich zusammen. Und dieser Priester ist nicht nur freundlich, sondern auch psychisch verlässlich, indem er Taminos Aggressivität aushält und nicht, wie die Mutter, darauf mit Kränkung oder mit Bestrafung reagiert. Dieser Mann ist ein echter Partner für die Erprobung des offenen Ausdrucks der eigenen Aggressivität. So nimmt denn auch Tamino kein Blatt vor den Mund, um seinen Hass gegenüber Sarastro zu artikulieren. Die ruhige Art und Weise wie dieser Mann auf Taminos heftige Redweise mit Gleichmut und Zugewandtheit reagiert, das ist für Tamino etwas unerwartet Neues, das seine Wirkung nicht verfehlt und die anfängliche Depression unmittelbar umschlagen lässt in einen Freudentaumel. Diese positive Erfahrung mit dem Männlichen wirkt wie eine Befreiung auf ihn. Er spielt auf seiner Flöte von Herzen kommende Töne und sogleich melden sich innere Stimmen, die ihm Mut zusprechen und ihn zuversichtlich stimmen.

Es gibt im Dialog zwischen Tamino und dem Priester eine sehr anrührende Stelle, bei der Tamino innerlich sehr bewegt die Frage stellt: »Wann also wird das Dunkel schwinden?« Worauf der Priester ebenfalls in einem sehr gefühlvollen Ton und gleichsam als die Quintessenz seines Angebots an ihn, mit der er anschließend den Raum verlässt, zur Antwort gibt: »Sobald dich führt der Freundschaft Hand ins Heiligtum zum ew'gen Band«.

Dieser kurze Dialog wird durch die besondere Qualität der Musik zu einem sehr anrührenden Erlebnis eines aufrichtig und herzlich gemeinten Freundschaftsangebots dieses Priesters an den jungen Tamino, das überwältigend auf ihn gewirkt haben muss. So fragt er sich in einem völlig veränderten weichen Tonfall: »O ew'ge Nacht! Wann wirst du schwinden? Wann wird das Licht mein Auge finden?« Und sogleich melden sich (innere) Stimmen zu Wort, die ihm Zuversicht vermitteln und seine Hoffnung unterstützen, dass Pamina lebt.

Mit einer neu gewonnenen Lebenslust greift er erstmals zu seiner Zauberflöte und ist von den aus ihm herausströmenden Tönen selbst begeistert (»Wie stark ist nicht dein Zauberton«). Es hat den Anschein, dass sich hier eine neue Qualität an männlichem Unternehmungsgeist bei Tamino zu regen beginnt, so dass sein freudiger Ausruf: »Sie lebt? Sie lebt? Ich danke euch dafür« wohl gleichbedeutend ist mit einem »Ich lebe, ich lebe, ich danke euch dafür!«. Es hat den Anschein, dass Tamino sich von den festhaltenden mütterlichen Kräften hat etwas befreien können und nicht mehr mit dem entwertenden Blick der Königin der Nacht auf alles Männliche schaut, sondern seit der Begegnung mit dem Priester sich eine positivere Einstellung zum Männlichen bei ihm zu entwickeln beginnt.

Wir gehen über zum 18. Auftritt, um nun endlich Sarastro, den vermeintlichen Bösewicht kennenzulernen.

18. Auftritt

Zug von Gefolge; zuletzt fährt Sarastro
auf einem Triumphwagen heraus,
der von sechs Löwen gezogen wird.

Chor
Es lebe Sarastro! Sarastro soll leben!
Er ist es, dem wir uns mit Freude ergeben!
Stets mög' er des Lebens als Weiser sich freun,
er ist unser Abgott, dem alle sich weihn.
(Dieser Chor wird gesungen, bis Sarastro
aus dem Wagen gestiegen ist.)

Pamina *(kniet)*
Herr, ich bin zwar Verbrecherin,
ich wollte deiner Macht entfliehn.

Allein die Schuld ist nicht an mir –
Der böse Mohr verlangte Liebe;
Darum, o Herr, entfloh ich dir.

Sarastro
Steh auf, erheitre dich, o Liebe!
Denn ohne erst in dich zu dringen,
weiß ich von deinem Herzen mehr;
Du liebest einen andern sehr.
Zur Liebe will ich dich nicht zwingen,
doch geb ich dir die Freiheit nicht.

Pamina
Mich rufet ja die Kindespflicht,
denn meine Mutter –

Sarastro
Steht in meiner Macht.
Du würdest um dein Glück gebracht,
wenn ich dich ihren Händen ließe.

Pamina
Mir klingt der Muttername süße;
Sie ist es –

Sarastro
Und ein stolzes Weib.
Ein Mann muss eure Herzen leiten,

denn ohne ihn pflegt jedes Weib
aus seinem Wirkungskreis zu schreiten.

Es ist Pamina, die als erste mit dieser väterlichen Figur in Kontakt kommt. Der erste Auftritt dieses weisen Vaters ist allerdings etwas zwiespältig. Einerseits scheint Sarastro für Pamina nur das Beste zu wollen und stellt sich als ihr Beschützer vor. Aber zumindest für uns heutige Hörer hat er auch etwas unangenehm Pathetisches, Selbstgefälliges und Patriarchalisches. Sein Auftritt erinnert an einen altägyptischen Pharao, der sich von seinen Untertanen besingen und hochleben lässt. Zudem fällt er Pamina zweimal in unangenehm dominanter Weise ins Wort und äußert sich darüber hinaus über Frauen recht abfällig. Also ein rechter Pascha, der in seine theatralische Selbstinszenierung verliebt ist.

Aber vielleicht ist diese Figur nicht nach ihren objektiven Verhaltensweisen zu beurteilen, sondern – wie die Königin der Nacht – auf der Folie frühkindlichen Erlebens aufzufassen. Am Beginn der frühen Triangulierung ist für das kleine Kind der Vater der »Größte« schlechthin. Er ist der Ritter in der strahlenden Rüstung, der Lust darauf macht, die eng und erdrückend gewordene Dyade mit der Mutter zu verlassen und den Weg in das weitere Lebensumfeld zu suchen. Vielleicht ist diese frühe Erlebnisebene in die Konzeption dieses »Abgottes« Sarastro eingeflossen, die das etwas zu Pompöse dieser Person verständlich machen würde. Sehen wir ihn also mit den Augen unseres inneren Kindes, so können wir dem Glanz und dem Großartigen seiner Erscheinung vielleicht etwas abgewinnen und mit ihm einverstanden sein. Zu seinen

Gunsten nehmen wir einmal an, dass der Satz »zur Liebe will ich dich nicht zwingen« eine etwas verunglückte Formulierung darstellt und »Liebe« hier durch »Zuneigung« oder »Vertrauen« ersetzt werden müsste. Oder sollten auch bei Sarastro sexuelle Liebeswünsche an Pamina bestehen?

Obwohl Sarastro der direkte Gegenspieler der Königin der Nacht ist und – um das Ende vorwegzunehmen – letztendlich den Sieg über sie erringt, entsteht doch der Eindruck, dass die Königin der Nacht die stärkere Figur von beiden ist. Die Königin der Nacht kann sowohl mütterliche Sorge als auch leidenschaftlichen Hass zum Ausdruck bringen. In beiden Facetten ist sie überzeugend und kraftvoll. Dies lässt sich für die Person Sarastros nicht unbedingt sagen. Sein Bild schwankt zwischen einem machtvollen Herrscher und einem aufgeblasenen Popanz. Ideale hat er zwar, aber ist er wirklich männlich stark? Es bleibt ein Rest an Unsicherheit gegenüber dieser Figur, die entweder nicht sorgfältig genug konzipiert ist, ein Makel, der dem Librettisten anzulasten wäre, oder aber auf eine heimliche Parteinahme von Librettist und Komponist für das Weibliche zurückzuführen ist, mit dem sich Künstler ja in der Regel enger verbunden fühlen als mit dem Männlichen. Vielleicht gibt uns ja der Zweite Aufzug noch weitere Aufklärung in dieser Frage.

Es sei noch erwähnt, dass es im letzten Auftritt des ersten Aufzugs zu einer ersten kurzen Begegnung zwischen Pamina und Tamino kommt:

19. Auftritt
Monostatos führt den Tamino herein.

Pamina
Er ist's.

Tamino
Sie ist's!

Pamina
Ich glaub es kaum!

Tamino
Sie ist's!

Pamina
Er ist's.

Tamino
Es ist kein Traum!

Pamina
Es schlingt mein Arm sich um ihn her!

Tamino
Es schlingt mein Arm sich um sie her!

Beide
Und wenn es auch mein Ende wär!
(Sie umarmen sich)

Auch diese kurze Szene – die anschließend von Monostatos abrupt beendet wird – ist ein schönes Beispiel für die Überlagerung und Vermischung von adoleszentem Überschwang und frühkindlicher Unbefangenheit. Für Erwachsene ist es zumindest unüblich, bei einer ersten Begegnung in dieser stürmischen Art und Weise aufeinander zuzugehen und sich in den Armen zu liegen. Und auch Adoleszente sind in der Annäherung erst einmal abwartend und vorsichtig. Aber hier hat sich offenbar die frühkindliche Ebene, die eine geringere Scheu vor spontanem Körperkontakt besitzt, durchgesetzt und für diese frische und lebendige Szene gesorgt.

10. Die innere Ambivalenz am Übergang von mütterlicher Dyade zur Triade

Es wäre durchaus möglich, dass die Oper an diesem Punkt der Handlung endet. Pamina und Tamino haben sich gefunden und können jetzt heiraten und glücklich bis an ihr Lebensende sein. Nur als welche Personen würden sie heiraten? Da beide noch eher kindlich-jugendlich sind, würden sie gleichsam eine Kinderehe führen, sich ein Nest bauen und ihre Wünsche und Bedürfnisse nach Versorgtsein und Geborgenheit zu stillen versuchen. Folglich kann die Opernhandlung hier noch nicht enden, sondern beide Protagonisten bedürfen noch weiterer Entwicklungsfortschritte, zumal ja die inneren Reifungsprozesse im jugendlichen Mann und in der jugendlichen Frau das zentrale Anliegen dieser Oper darstellen. Und so beginnt im zweiten Akt der eigentliche Prüfungsweg von Pamina und Tamino, auf dem sie erst einmal wieder getrennt werden.

Tamino und sein Begleiter Papageno finden sich im Inneren des Tempels wieder und werden vom Priester noch einmal an ihre Prüfungsaufgabe erinnert, nämlich standhaft, geduldig und verschwiegen gegenüber dem verführerisch Weiblichen zu sein, das sogleich in Gestalt der Drei Damen in Erscheinung tritt.

Papageno ist nicht unbedingt begeistert von dieser auferlegten Zurückhaltung. Und als der Priester ihn fragt: »Willst auch du die Weisheit erkämpfen« antwortet Papageno: »Kämpfen ist nicht meine Sache, ich verlange auch im Grunde gar keine Weisheit, ich bin so ein Naturmensch, der sich mit Schlaf, Speise und Trank begnügt; und wenn es ja sein könnte, dass ich mir einmal ein schönes Weibchen fange...« Also er kann nur gelockt werden, wenn man ihm ein hübsches Mädchen in Aussicht stellt. Darauf der Priester (3. Auftritt):

> **Zweiter Priester**
> Die wirst du nie erhalten,
> wenn du dich nicht unseren Prüfungen unterziehst.
>
> **Papageno**
> Worin besteht diese Prüfung?
>
> **Zweiter Priester**
> Dich allen unseren Gesetzen unterwerfen,
> selbst den Tod nicht scheuen.
>
> **Papageno**
> Ich bleibe ledig.

Nachdem ihm aber im Folgenden ein junges hübsches Mädchen versprochen wird, willigt auch er schließlich ein.

Wer sich aus der Symbiose mit der Mutter befreien möchte, der benötigt die Fähigkeit, sich abzugrenzen. Und genau das ist es, was die beiden jungen Menschen in dieser Prüfungsaufgabe lernen sollen, indem ihnen auferlegt wird »standhaft, duldsam und verschwiegen« zu sein. Diese drei Eigenschaften sind gleichsam Synonyme für die Abgrenzungsfähigkeit, eine Kompetenz, die das Kleinkind am Vater erfährt und durch die Identifikation mit ihm in sein Inneres hineinholt und dort als eine feste psychische Struktur verankert.

Nur wenn das Kind diese Abgrenzungsfähigkeit erlernt, hat es eine Chance, dem Nestsog in die mütterliche Dyade zu widerstehen.

3. Auftritt (2. Akt)

Sprecher und Zweiter Priester
Bewahret euch vor Weibertücken:
Dies ist des Bundes erste Pflicht!
Manch weiser Mann ließ sich berücken,
er fehlte und versah sich nicht.
Verlassen sah er sich am Ende,
vergolten seine Treu' mit Hohn!
Vergebens rang er seine Hände,
Tod und Verzweiflung war sein Lohn.

Dieses Duett von Sprecher und Zweitem Priester ist insofern bemerkenswert, als Mozart in seiner Vertonung dieser Zeilen eine gewisse distanzierende Ironie durchblicken lässt. Vielleicht war ihm diese Art von männlichem Pathos doch etwas zu dick aufgetragen. So karikiert er die letzte Zeile: »Tod und Verzweiflung war sein Lohn«, die er zweimal singen lässt und anschließend durch das Orchester – zu einer Art Hüpftanz verfremdet – zum dritten Mal zum Besten gibt (siehe Notenbeispiel S. 66).

Diese Tendenz des Komponisten, sich vom Männlichen zu distanzieren, ist nicht ganz neu. So drängt sich die Frage auf, ob diese abschätzige musikalische Figur nicht vielleicht auch Ausdruck eines im Komponisten anzutreffenden inneren Widerstandes ist, männliche Abgrenzungsfähigkeit zu erlernen? Warum sollte man als Sohn der Muse das Paradies der mütterlichen Welt verlassen?

Für die beiden Jünglinge folgt die Prüfung ihrer Standhaftigkeit gegenüber dem Weiblichen auf dem Fuße. Es erscheinen die Drei Damen und zischeln den Beiden Angstmachendes und Verführerisches in die Ohren, so dass die Jünglinge auf eine harte Probe gestellt werden.

Fünfter Auftritt (2. Akt)

Nr. 12: Quintett

Die Drei Damen
Wie? Wie? Wie?
Ihr an diesem Schreckensort?
Nie! Nie! Nie!
Kommt ihr glücklich wieder fort!
Tamino, dir ist Tod geschworen!
Du, Papageno bist verloren!

Papageno
Nein, nein, nein! Das wär' zuviel.

Tamino
Papageno schweige still!
Willst du dein Gelübde brechen,
Nichts mit Weibern hier zu sprechen?
...

Nachdem Tamino und Papageno sich als leidlich standhaft erwiesen haben, treten die freimaurerischen Eingeweihten wieder auf die Bühne und gebärden sich zur Überraschung der Zuschauer unverhältnismäßig aggressiv, indem sie die Drei Damen mit Blitz und Donner zur Hölle schicken. Diese Vernichtungstat spricht nun nicht gerade von einer gut entwickelten Männlichkeit, sondern eher von einer übermäßigen Angst vor dem Weiblichen. Auf einer erwachsenen Ebene ist solch ein Überreagieren unverständlich. Doch scheint hier wieder einmal ein Ebenenwechsel stattgefunden zu haben. Denn frühkindlich ist diese übermäßige Form der Abgrenzung sehr nachvollziehbar, da der Nestsog noch stark ist und das Kind fürchtet, in die mütterliche Dyade wieder zurückgezogen zu werden. So kann es an dieser Bruchstelle seines Weges hinaus aus der Dyade gegenüber der Mutter heftige Aggressionen entwickeln, da die Mutter zu diesem Zeitpunkt als eine äußerst bedrohliche festhaltende Kraft erlebt wird, die seinen Entwicklungsschritt verhindern will. Die Angst, dem Weiblichen nicht gewachsen zu sein, wiederholt sich dann später in der Pubertät, weswegen viele Jugendliche zunächst einmal den Kontakt zum anderen Geschlecht meiden und sich in Jungenfreundschaften flüchten.

Dass wir uns auf der Ebene des Frühkindlichen bewegen, macht einmal mehr Papageno deutlich: Bei Blitz und Donner fällt Papageno verängstigt zu Boden und wimmert kleinkindhaft: »O weh! O weh! O weh!«

Der siebte Auftritt bringt nun nicht nur eine Verwandlung der Bühne mit sich, sondern auch eine zweite Prüfung und Verwandlung für Pamina. Es ist wiederum der schwarze Mohr, der sich ihr in sexueller Absicht nähert. Von Mordabsichten ist diesmal keine Rede mehr, aber es will ihm nicht recht gelingen sein sexuelles Begehren unter Kontrolle zu bekommen. In seiner berühmten Arie »Alles fühlt der Liebe Freuden« führt er uns seine Not vor:

Siebter Auftritt (2. Akt)

Nr. 13: Arie

Monostatos
Alles fühlt der Liebe Freuden,
schnäbelt, tändelt, herzt und küsst;
und ich sollt' die Liebe meiden,
weil ein Schwarzer hässlich ist!
Ist mir denn kein Herz gegeben?
Bin ich nicht von Fleisch und Blut?
Immer ohne Weibchen leben,
wäre wahrlich Höllenglut!

Drum so will ich, weil ich lebe,
schnäbeln, küssen, zärtlich sein!
Lieber guter Mond vergebe,
eine Weiße nahm mich ein.
Weiß ist schön! Ich muss sie küssen;
Mond, verstecke dich dazu!
Sollt es dich zu sehr verdrießen,
oh so mach die Augen zu!
(Er schleicht langsam und leise hin.)

War das Verhalten des Monostatos damals beim ersten Auftritt noch zu bizarr und mörderisch, um als eine innere Figur des Protagonisten Tamino in Frage zu kommen, so zeigt er sich in dieser Szene als eine Person, in die man sich durchaus einfühlen und mit deren Begehren man sich identifizieren kann. Die Musik ist frisch und fetzig, folglich hört man hier dem Monostatos gerne zu. Die Fragen, die Monostatos artikuliert, werden jeden männlichen Adoleszenten bewegen. Darin ist zum einen die Frage nach der Kontrolle von sexuellen Triebimpulsen enthalten, die in heftiger Weise andrängen. Damit haben wir uns bereits beim ersten Auftritt des Monostatos beschäftigt. Aber es ist in dieser Arie auch die Frage enthalten, wie ein Heranwachsender seine Rolle als ein männlich-aktiv Werbender und aktiv Begehrender gegenüber einer Frau gestalten kann. Hier fehlen in der Regel Vorbilder, an denen man sich orientieren könnte. Wenn man hier keinen erfahrenen Freund in seiner Nähe weiß, den man um Rat fragen kann, fühlt man sich dem ganzen Geschehen doch recht fremd und unsicher gegenüber. So kann man auch das Verhalten des Monostatos als eine Unsicherheit gegenüber seinen starken sexuellen Triebkräften auffassen. Die darin enthaltende aggressive Note, ist durchaus ein Bestandteil männlicher Sexualität, die es nicht zu verdrängen, wohl aber zu kontrollieren gilt. Dass sowohl in der Musik als auch in der textlichen Zeichnung der Figur des Monostatos in dieser Szene eine wohlwollende Beachtung spürbar wird, deutet in die angedeutete Richtung, dass Mozart und Schikaneder der Auffassung sind, dass diese Facette männlicher Sexualität eine Berechtigung hat und jeder Mann sich darum bemühen sollte, sie in sein Geschlechtsleben zu integrieren, anstatt sie auszugrenzen.

Die Tendenz des Ausgrenzens erleben wir bei Sarastro, der dem Monostatos »77 Sohlenstreiche« zu verabreichen gedenkt, was ja nicht unbedingt als eine »göttlich weise« Entscheidung angesehen werden kann, sondern eher darauf hindeutet, dass er entweder

Pamina mit dieser Maßnahme imponieren möchte, oder aber seine Heftigkeit daraus resultiert, dass er seine eigenen sexuellen Wünsche einer idealen, ethisch-dogmatischen Gesinnung zuliebe verdrängt hat und diesen verdrängten Teil nun auf Monostatos projiziert und dort bestraft. Diese erneute Zwielichtigkeit in der Figur des Sarastro mag man wiederum als ein Zeichen mangelnder Sorgfalt des Librettisten deuten oder vielleicht auch als ein Relikt aus der ursprünglichen Fassung, in der Sarastro der Bösewicht war und die Königin der Nacht die gute Fee. Sollte dieser Szene eine psychodynamische Bedeutung zukommen, so entsteht das Bild, dass – wie schon vermutet – Sarastro in der Tat ein zu schwacher Mann ist, um diesen sexuellen Kräften in seinem Inneren gewachsen zu sein. Er wählt die Unterwerfung unter ein strenges Überich, um die Triebkräfte von seinem Bewusstsein fern zu halten.

11. Die Wandlung der guten Mutter zur furchtbaren Mutter an der Bruchstelle zur Triade

Lange mussten wir den kraftvollen Gesang der Königin der Nacht entbehren, doch nun tritt sie wieder auf die Bühne. In gewohnter Dominanz redet sie auf die Tochter ein und versucht diese gegen die männliche Welt der Eingeweihten aufzubringen. Ihre machtvolle Rede gipfelt in der Aufforderung, Sarastro mit einem Dolch zu ermorden.

8. Auftritt (2. Akt)

Königin
...Siehst du hier diesen Stahl?
Er ist für Sarastro geschliffen. Du wirst ihn töten und
den mächtigen Sonnenkreis mir überliefern.

Pamina
Aber liebste Mutter!

Königin
Kein Wort!

Nr. 14: Arie

Königin
Der Hölle Rache kocht in meinem Herzen,
Tod und Verzweiflung flammet um mich her!
Fühlt nicht durch dich Sarastro Todesschmerzen,
so bist du meine Tochter nimmermehr.
Verstoßen sei auf ewig, verlassen sei auf ewig,
zertrümmert sei'n auf ewig alle Bande der Natur,
wenn nicht durch dich Sarastro wird erblassen!
Hört, Rachegötter! Hört der Mutter Schwur!
(Sie versinkt.)

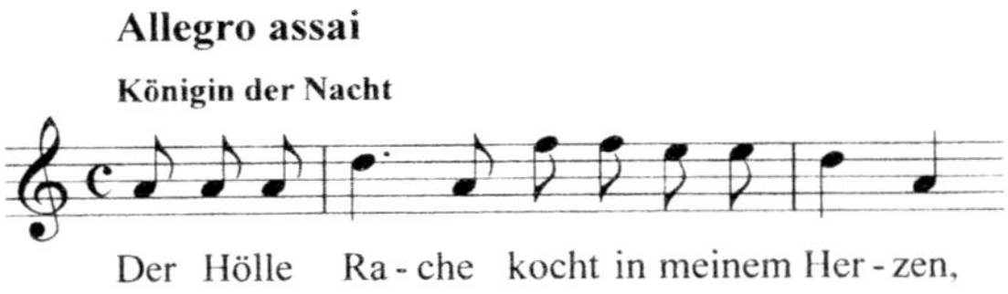

Damit für das kleine Kind der Weg aus der Enge der mütterlich-dyadischen Zweisamkeit gelingen kann, ist es nicht nur wichtig, dass der Vater in hilfreicher Weise zur Verfügung steht und die Loslösung des Kindes unterstützt, nein, es ist genauso wichtig, dass die Mutter innerlich diese Öffnung der Dyade zur Triade bejaht. Nur wenn sie es zulassen und für das Kind als notwendig erachten kann, vermag das Kind diesen Schritt ohne allzu viele Schuldgefühle und Ängste zu gehen. Der männliche Dritte muss auch in der inneren Welt der Mutter positiv besetzt sein. Er muss ein Bezugspunkt sein, den die Mutter sowohl für sich als Partner als auch für das Kind als eine ergänzende Bezugsperson wünscht. Dieser 8. Auftritt im 2. Akt macht aber nun vollends klar, dass diese Mutter keine Sehnsucht nach solch einem männlichen Dritten hat, sondern im Gegenteil, ihn ablehnt und vernichten möchte.

Damit konstelliert sich eine frühkindliche Problematik, die darin besteht, dass diese Mutter a) nicht bereit ist, die Tochter aus der Mutter-Kind-Dyade zu entlassen, b) gegenüber dem männlichen Dritten ein vernichtender Hass besteht und c) dem Kind mit Verstoßung gedroht wird, wenn es nicht den Hass der Mutter gegen den Vater übernimmt. Es tritt für das kleine Kind eine der furchtbarsten Situationen überhaupt ein: Es wird gezwungen, sich gegen ein Elterteil zu entscheiden. Obwohl es beide braucht, drängt diese Mutter die Tochter, ihre Hassgefühle gegen das Männliche zu übernehmen und den Vater nicht nur aufzugeben, sondern – als eine Steigerung – ihn sogar noch persönlich zu vernichten.

Diese Konstellation macht es dem Kind nahezu unmöglich, die notwendigen Entwicklungsschritte der Ablösung aus der symbiotischen Beziehung zur Mutter zu vollziehen. Wir befinden uns damit an einem ganz zentralen und sensiblen Punkt der frühkindlichen Entwicklung, dem Übergang von der symbiotischen Mutter-Kind-Dyade zur Triade, bei der durch eine Identifizierung mit dem Vater eine Distanzierung zur Mutter möglich wird. An diesem Punkt der Entwicklung oszilliert für das kleine Kind das Bild der Mutter zwischen bewundernswert großartig und festhaltend bedrohlich. Und genau diese beiden Aspekte vermag Mozart in der genialen Arie der Königin der Nacht zum Ausdruck zu bringen. Denn die Kraftfülle und Virtuosität, die diese Frau in dieser Arie entfaltet ist grandios und bedrohlich zugleich.

Die unverantwortliche Handlungsweise dieser Mutter müsste beim Zuschauer höchste Empörung und Abscheu hervorrufen, was wohl auch geschehen würde, wenn die Musik entsprechend grässlich und abschreckend wäre. Doch das ist sie keineswegs, sondern im Gegenteil gehört sie zum Schönsten, was diese Oper zu bieten hat. Von daher erscheint es eher fragwürdig, dass die Königin der Nacht eine Allegorie für die katholischen Kirche ist, wie Perl annimmt. Als Freimaurer stand Mozart der katholischen Kirche distanziert und kritisch gegenüber, weswegen es schwer vorstellbar ist, dass Mozart die Kirche mit solch einer wunderschönen, kraftvollen und leidenschaftlichen Musik versehen würde, wie er sie der Königin der Nacht zugesteht. Diese göttliche Musik ist eher als ein Beleg dafür anzusehen, dass für Mozart die symbiotische Mutter der frühen Mutter-Kind-Beziehung nach wie vor eine Person von einer ungeheuren Faszination und Grandiosität darstellt, dass er dieser frühen Göttin mit dieser Bravourarie ein ewiges Denkmal setzen wollte und de facto auch gesetzt hat. Diese Arie ist die berühmteste der ganzen Operngeschichte. Hier singt keine verabscheuungswürdige miserable Mutter, nein, hier singt eine faszinierende archaische Göttin, vor dessen Kraft wir nur erschauern können.

Es sieht also so aus, als würde es Mozart nicht gelingen, diesem Wandel von der guten Mutter der Dyade zur schrecklichen festhaltenden Mutter beim Übergang zur Triade einen angemessenen musikalischen Ausdruck zu verleihen. Er bleibt bei der Überhöhung und Idealisierung dieser Figur und übergeht die schreckliche Anteile dieser festhaltenden Mutter. Das ist eigentlich gleichbedeutend mit einer Fixierung an diese frühe Mutter, von der eine Loslösung aufgrund ihrer Vergöttlichung nicht gelingen kann, was wir bereits für die Person des Papageno diagnostiziert hatten.

Wo liegen für Mozarts die Motive für eine derartige Überhöhung dieser weiblichen Figur? Gibt es eine persönliche Affinität des Komponisten zur frühkindlichen Separationsthematik? Die Beantwortung dieser Frage muss hier offen belieben, da sie nur im Zusammenhang einer eingehenderen biographischen Analyse zu beantworten ist, was jedoch den hier gesetzten Rahmen übersteigen würde.

Wir gehen über zum 10. Auftritt des 2. Aktes, wo wir Pamina in einer neuerlichen Prüfungssituation erleben. Es wird ihr hart zugesetzt: Nicht nur dass die Mutter sie zu einem Mord anzustiften versucht hat, unter Androhung, sie andernfalls als Tochter zu verstoßen, sondern es taucht auch unmittelbar nach deren grußlosem Abgang der sie sexuell nötigende Monostatos wieder auf und versucht sie zu erpressen. Er hatte den Mordauftrag der Mutter belauscht und versucht nun aus dieser Mitwisserschaft Kapital zuschlagen.

10. Auftritt (2. Akt)

Monostatos
... Ein einziges Wort sprech ich zu Sarastro
und deine Mutter wird in diesem Gewölb',
in dem Wasser, das die Eingeweihten
reinigen soll, wie man sagt, ersäuft.
Aus diesem Gewölb' kommt sie nun
sicher nicht mehr mit heiler Haut, wenn ich es will.
Du hast also nur einen Weg, dich und deine Mutter zu retten.

Pamina
Der wäre?

Monostatos
Mich zu lieben!

Pamina *(zitternd für sich)*
Götter!

Monostatos *(freudig)*
Das junge Bäumchen jagt der Sturm auf meine Seite.
Nun, Mädchen, ja oder nein!

Pamina *(entschlossen)*
Nein!

Monostatos *(voll Zorn)*
Nein? Und warum? Weil ich die Farbe eines schwarzen Gespenstes trage? Nicht?
Ha! So stirb!
(er ergreift sie bei der Hand.)

Pamina
Monostatos, sieh mich hier auf meinen Knien – schone meiner!

Monostatos
Liebe oder Tod! Sprich! Dein Leben steht auf der Spitze.

Pamina
Mein Herz hab ich dem Jüngling geopfert.

Monostatos
Was kümmert mich dein Opfer – sprich!

Pamina *(entschlossen)*
Nie!

Welch verwandelte Pamina erleben wir hier! In dieser Szene begegnet uns kein kleines Mädchen mehr, das vor Angst in Ohnmacht fällt. Hier ist sie eine junge Frau, die sich kraftvoll zur Wehr setzt. Zweimal im Text wird die Entschlossenheit Paminas ausgedrückt, mit der sie dem Ansinnen des Monostatos entgegentritt. Die Drohung der Mutter hat sie offenbar nicht depressiv gemacht, sondern das Gegenteil ist eingetreten. Frei nach dem Motto: »Was mich nicht umbringt, macht mich stark« schreitet sie auf ihrem Entwicklungsweg voran. Statt das Männliche zu meiden, macht sie sich das Männliche zu eigen und vermag mit Hilfe dieser neuen Kräfte sich zur Wehr zu setzen. Sie bittet auch nicht mehr für die Mutter, sondern ausschließlich für sich selbst: »schone meiner!« Und auch angesichts höchster Lebensgefahr bleibet sie bei ihrem »Nein!« Ja sie steigert es sogar noch zu einem »Nie!«

Zur Erleichterung für die Zuschauer tritt rechtzeitig Sarastro auf die Bühne, um Pamina aus dieser bedrohlichen Situation zu befreien. Diesmal straft Sarastro den Mohren nicht, sondern nutzt vielmehr die Zeit dazu, um Pamina seine Gesinnung zu erläutern. Pamina bittet ihn, seine Mutter nicht zu strafen. Worauf Sarastro mit den folgenden Worten antwortet:

12. Auftritt (2. Akt)

Sarastro
Ich weiß alles. Weiß, dass sie in unterirdischen
Gemächern des Tempels herumirrt und Rache
über mich und die Menschheit kocht.
Allein du sollst sehen, wie ich mich an deiner Mutter
räche.
Der Himmel schenke nur dem holden Jüngling
Mut und Standhaftigkeit in seinem Vorsatz,
dann bist du mit ihm glücklich, und deine Mutter
soll beschämt nach ihrer Burg zurückkehren.

Nr. 15: Arie

Sarastro
In diesen heil'gen Hallen
kennt man die Rache nicht
und ist ein Mensch gefallen,
führt Liebe ihn zur Pflicht.
Dann wandelt er an Freundes Hand
vergnügt und froh ins bessre Land.

In diesen heil'gen Mauern,
wo Mensch den Menschen liebt,
kann kein Verräter lauern,
weil man dem Feind vergibt.
Wen solche Lehren nicht erfreun,
verdienet nicht, ein Mensch zu sein.

In dieser berühmten Hallenarie begegnet uns ein durchaus angenehmer väterlicher Sarastro. Haben wir ihn vorher als diesen pompösen, etwas aufgeblasenen patriarchalischen Herrscher erlebt, so spüren wir in dieser Arie, dass er auch Gefühl besitzt. Die Arie (ein Strophenlied) ist nahezu eine väterliche Liebeserklärung an Pamina, die hier jeglicher Zweideutigkeit entbehrt. Die Arie ist warm und tröstlich und deshalb ja auch sehr beliebt. Besondere Gegenübertragungsgefühle regen sich in meinem Innern allerdings nicht, was ich im Zusammenhang damit sehe, dass sich Mozart bislang, was die Person des Sarastro angeht, auch nicht sonderlich engagiert hat. Der verstorbene Psychoanalytiker Helmut Remmler hat diesbezüglich einmal die Vermutung geäußert, dass Mozart den Sarastro hat ärgern wollen, indem er ihn auf der letzten Halbzeile zu den Worten »in's bessre Land« auf dem tiefen ‚gis' ansetzen lässt, eine Tiefe, die für Bässe eine Schwierigkeit darstellt, weswegen bei einigen Sängern auf der Silbe »in's« oftmals auch nur »heiße Luft« zu vernehmen ist.

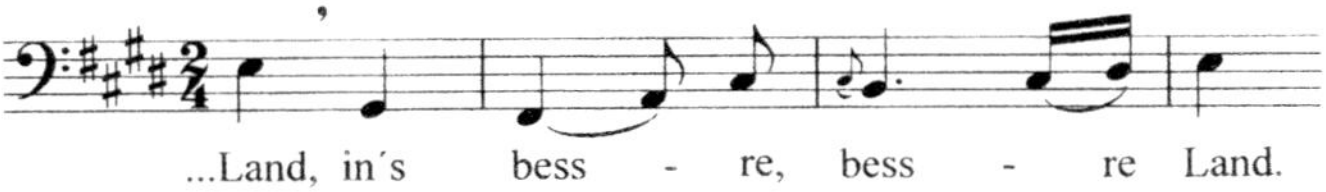

Diese Vermutung scheint mir durchaus nicht abwegig zu sein, sondern passt in das Bild, dass sich bereits angedeutet hat, dass nämlich Mozart dem Männlichen, speziell Sarastro, eher etwas gleichmütig-distanziert gegenübersteht, während der musikalische Ausdruck des Weiblichen stets mit hohem emotionalen Engagement gestaltet wird.

12. Paminas tiefer Sturz in frühkindliche Verlassenheitsängste

Die engagierte Parteinahme Mozarts für das Weibliche erleben wird auch im folgenden 18. Auftritt. Dort wartet auf Pamina bereits eine nächste schwere Belastungsprobe. Es kommt zu einem erneuten Zusammentreffen mit ihrem Geliebten, jedoch ganz anders, als sie es sich vorgestellt hat.

18. Auftritt (2. Akt)

Pamina *(freudig)*
Du hier? Gütige Götter! Dank euch,
dass ihr mich diesen Weg führtet.
Ich hörte dein Flöte und so lief ich
pfeilschnell dem Tone nach. – Aber du bist traurig?
Sprichst nicht eine Silbe mit deiner Pamina?

Tamino *(seufzt)*
Ah!
(Winkt ihr, fortzugehen)

Pamina
Wie? Ich soll dich meiden? Liebst Du mich nicht mehr?

Tamino *(seufzt)*
Ah!
(Winkt ihr wieder fort.)

Pamina
Ich soll fliehen, ohne zu wissen warum? Tamino!
Holder Jüngling! Hab ich dich beleidigt?
O kränke mein Herz nicht noch mehr.
Bei dir such ich Trost, Hilfe – und du kannst
mein liebevolles Herz noch mehr kränken?
Liebst du mich nicht mehr?
(Tamino seufzt.)
Papageno sag du mir, was ist mit meinem Freund?

Papageno *(hat einen Brocken im Munde,
hält diesen mit beiden Händen zu
und winkt ihr, fortzugehen)*
Hm! Hm! Hm!

Pamina
Wie? Auch du? Erkläre mir wenigstens
die Ursache eures Stillschweigens?

Papageno
St.
(Er deutet ihr an, fortzugehen.)

Pamina
O, das ist mehr als Kränkung, mehr als Tod!
(Pause.)
Liebster, einziger Tamino!

Nr. 17: Arie

Pamina
Ach, ich fühl's, es ist verschwunden,
ewig hin der Liebe Glück!
Nimmer kommt ihr Wonnestunden
meinem Herzen mehr zurück!
Sieh, Tamino, diese Tränen
fließen, Trauter, dir allein.
Fühlst du nicht der Liebe Sehnen,
so wird Ruh' im Tode sein!

Neben der Rache-Arie der Königin der Nacht gehört diese Arie der Pamina zu der ergreifendsten Musik der ganzen Oper. Wird diese Arie von einer Sängerin einfühlsam gesungen, so kann man sich eigener Tränen nicht erwehren. Diese Arie atmet eine tiefempfundene Traurigkeit, der sich kaum ein Hörer entziehen kann. Bei der Schlusszeile »So wird Ruh' im Tode sein« fällt die Sopranstimme vom hohen G zum tiefen Cis, also eine Duodezime hinunter – ein sehr eindrücklicher symbolischer Ausdruck für den tiefen Fall ins Bodenlose, den Pamina hier erlebt.

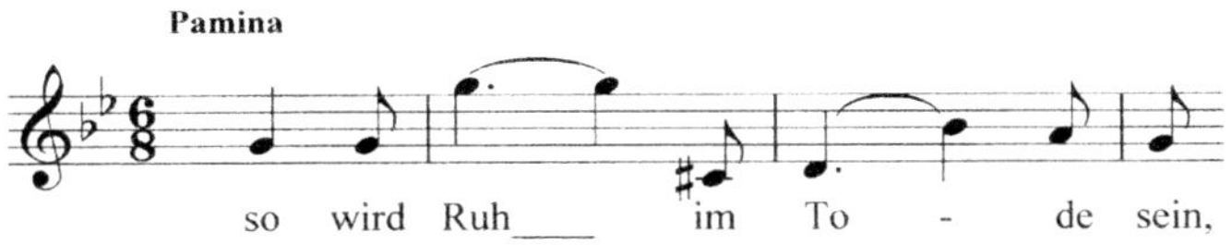

Sollte Mozarts Vorahnung des eigenen nahen Todes hier mit in die Musik eingeflossen sein? Die tiefe Ergriffenheit, die diese Arie beim Zuhörer hinterlässt, mag darauf hindeuten, dass hier ein sehr persönliches Empfinden des Komponisten einen musikalisch-emotionalen Ausdruck gefunden hat.

Pamina versteht nicht Taminos Abgrenzungswünsche und Tamino vermag nicht, auf Paminas Nähewünsche einzugehen. Diese auch bei heutigen Paaren sehr vertraute Konfliktsituation ist der Auslöser für Paminas Verzweiflung. Diese Szene konstelliert eine Situation einer Paarbeziehung, bei der die Beteiligten mit unterschiedlichen Problemen ihrer psychischen Entwicklung beschäftigt sind. Geht es Tamino darum, seine Abgrenzungsfähigkeit zu stärken, um seine Ablösungsbemühungen aus der Beziehung zur Mutter erfolgreich werden zu lassen, so trifft dieses Bemühen auf eine Situation bei Pamina, in der diese intensive Wünsche nach einer innigen harmonischen Verbundenheit bewegen. Damit sind erste Enttäuschungen zwangsläufig und unausweichlich. Während Tamino immerhin ein Gefühl für die Sinnhaftigkeit seines Tuns besitzt, stürzt Pamina durch diese Distanzierungserfahrung ins

Bodenlose. Sie wird tief depressiv, verliert allen Lebensmut und sinnt darauf, sich das Leben zu nehmen.
Warum ist Pamina derartig verzweifelt? Der Grund ist darin zu suchen, dass Pamina hier noch einmal von einer frühkindlichen Konstellation heimgesucht wird. Das Verlassenwerden durch die frühe Mutter oder auch nur die Angst, die so existenzwichtige Mutter zu verlieren, löst beim Kleinkind qualvolle Ängste des Alleingelassenwerdens und der Fragmentierung des Selbst aus. So speist sich das übermäßige Ausmaß an Verlassenheitsgefühlen nicht allein aus der adoleszenten Situation einer partiellen Distanzierung zwischen zwei Liebenden, sondern die ganze Wucht dieser Erfahrung geht tiefer und bekommt durch das Wiedererleben einer frühkindlichen existenziellen Angst ihre eigentliche Qualität. Pamina weicht dieser überaus schmerzvollen Erfahrung nicht aus. Sie beginnt nicht, aus Selbstschutz den Geliebten innerlich oder mit Worten abzuwerten (»der ist es eben nicht wert, ich suche mir einen anderen«). Nein, sie steht zu ihrer Liebe zu diesem Mann, und sie hat die Kraft, sich der Heftigkeit dieses Verlassenheitsgefühls in einer Bedingungslosigkeit auszusetzen, die auch den Tod nicht scheut.

Dass Pamina hier nicht zu Abwehrmechanismen Zuflucht nimmt, bewirkt eine innere Wandlung, die sie mit neuem Lebensmut erfüllt: Es erscheinen die Drei Knaben (27. Auftritt). Als gute innere Objekte helfen sie ihr, die Depression zu überwinden und weisen ihr den Weg zu ihrem Geliebten. Hier erleben wir einen wahrhaftigen psychotherapeutischen Wandlungsprozess, bei dem ein schmerzvolles Wiedererleben frühkindlicher Verlassenheitsängste eine Stärkung des Selbst zur Folge hat und neuen Lebensmut entstehen lässt. »Ein Weib das Nacht und Tod nicht scheut, ist würdig und wird eingeweiht« ist eher eine Bagatellisierung dessen, was Pamina hier durchlitten hat. Dieser Ausspruch verkennt, wie tiefgreifend diese Erfahrung war, die nicht nur eine des Mutes und der Entschlossenheit, sondern eine des Zulassens und gefühlsmäßigen Erinnerns von etwas Unerinnerbaren war. Die Musik Mozarts verbleibt hier nicht in einer freimaurerischen Gesinnungsethik, sondern steigt viel tiefer hinab, in die unbewusste Emotionalität einer frühkindlichen existenziellen Erschütterung.

13. Der freimaurerische Abgesang

Mit diesem Wandlungsprozess der Pamina ist die Darstellung einfühlbarer psychischer Entwicklungsprozesse abgeschlossen. Es soll nicht unerwähnt bleiben, dass auch Papageno sein Todeserlebnis hat (29. Auftritt). Es ist jedoch – wie zu erwarten – nicht von jener Tiefe und Betroffenheit wie bei Pamina. Die Selbstmordszene Papagenos ist eher amüsant und nicht so ganz ernst zu nehmen. Deshalb werden ihm auch von den Priestern die höheren Weihen verweigert, und er bekommt stattdessen seinen Wunsch nach einem Glas guten Weins erfüllt.

Das gemeinsame Durchschreiten der Wasser- und der Feuerfluten, die Tamino und Pamina im 28. Auftritt als abschließende Prüfung auferlegt werden, haben mit psychischen Wandlungsprozessen nichts mehr zu tun, sondern entspringen allein dem idealistischen Symbolismus einer freimaurerischen Mystik. Man mag diesen Teil als farbenfrohen Event genießen, eine entwicklungspsychologische Wahrheit enthält er nicht. Mozarts Musik ist dementsprechend: nett anzuhören aber nicht ergreifend. Davon auszunehmen ist nur der Gesang der zwei Geharnischten.

28. Auftritt (2. Akt)

Die zwei Geharnischten
Der, welcher wandert diese Straße voll Beschwerden,
wird rein durch Feuer, Wasser, Luft und Erden;
wenn er des Todes Schrecken überwinden kann,
schwingt er sich aus der Erde himmelan.

Erleuchtet wird er dann imstande sein,
sich den Mysterien der Isis ganz zu weihn.

Diese Musik ist noch einmal anrührend, ja ergreifend. Hier verbindet Mozart den protestantischen Choral »Ach Gott vom Himmel sieh darein« mit einer Melodie aus dem Kyrie der Missa S. Henrici von Heinrich Ignaz Franz Biber (vgl. Hammerstein 1956). Dieses Musikstück besitzt den Charakter einer Eingangs-Sinfonia, wie wir sie aus den Kantaten von Johann Sebastian Bach kennen. So kommt das Anrührende dieser Musik ganz sicherlich nicht von der freimaurerischen Seite, also als eine Einfühlung in die »Mysterien der Isis«, sondern der anrührende Gefühlston entspringt dem Bereich einer tief empfundenen christlichen Glaubenshaltung, die Mozart durch die beiden hoch geachteten Musiker, den Protestanten Johann Sebastian Bach und den Katholiken Heinrich Ignaz Franz Biber verkörpert sieht. Vielleicht lässt sich diese musikalische Synthese des Protestantismus mit dem Katholizismus im Gesang der Geharnischten als eine Hommage an diese beiden Musikerkollegen auffassen Aber vielleicht gibt es auch in Mozart selbst, unterhalb seiner Aversionen gegen die Institution Kirche, wie sie sich in seinen letzten Lebensjahren darstellte, eine tief empfundene christliche Glaubenshaltung, die hier zu einem bewegenden Ausdruck gelangt.

Ein allerletztes Denkmal setzt Mozart dem Weiblichen mit dem 30. Auftritt. Hier tauchen alle Figuren aus dem Machtbereich der Königin der Nacht noch einmal auf, überraschender Weise auch die Drei Damen, die ja eigentlich im 5. Auftritt des 2. Akts bereits zur Hölle geschickt worden waren. (Für Mozart ist das Weibliche eben unsterblich!) »Nur stille, stille, stille, stille!« so schleichen sie sich in den Tempel ein und beenden ihren Kurzauftritt mit einer wunderschönen Schluss-Hommage an die alles überragende Herrscherin: »Dir, große Königin der Nacht, sei unsre Rache Opfer gebracht«. Musikalisch ein Hochgenuss, den man sich gern länger gewünscht hätte. Aber die humorlosen »Frömmler« kennen keine Gnade und tilgen dieses musikalische Bonbon, indem sie ein zweites Mal vernichtend gegen das Weibliche zu Felde ziehen.

Auch Sarastro findet zu seinem pompösen Gehabe zurück und straft mit seinen abschließenden Worten »Die Strahlen der Sonne vertreiben die Nacht, zernichten der Heuchler erschlichene Macht« seine früher geäußerten Beteuerungen Lügen, dass man in diesen heil'gen Hallen die Rache nicht kennt. So ist Sarastro eben doch nur ein »Abgott«, ein nur mäßig guter Vater und kein göttlicher Weise. Wahrhaft göttlich und deshalb unsterblich ist in dieser Oper nur eine Person: Das ist die gute und gleichzeitig furchtbare Mutter der frühkindlichen Dyade, die Große Königin der Nacht.

Wir sind am Ende der Oper angelangt und in einem Überblick über das Geschehen müssen wir die Wahrhaftigkeit und tiefe psychologische Wahrheit bewundern, die in diesem Musikdrama zur Darstellung gelangt ist. Unterhalb einer sensiblen Darstellung adoleszenter Ängste und Sehnsüchte lässt dieses Musikdrama den Zuhörer auf einer unteren Sinnebene die noch ungelösten frühkindlichen Konflikte durchleben. Dabei geht es um diejenigen Erfahrungen, die vom Kleinkind etwa am Beginn des zweiten Lebensjahres beim Übergang von der mütterlichen Dyade zur befreienden triadischen Beziehung zum Vater gemacht werden. Eine Fülle an Facetten dieser schwierigen frühkindlichen Entwicklungsphase werden thematisiert: angefangen von den positiven Gefühlen zur Mutter, die viele gute Gaben mit auf den Lebensweg gibt, bis hin zu den Ängsten vor der »bösen«, weil festhaltenden Mutter, die eine Weiterentwicklung nicht zulassen will und das Kind auf Hassgefühle gegen den Vater einzustimmen versucht. Diese Abwertung des Männlichen stürzt die beiden kindlichen Protagonisten in nicht zu verkraftende Loyalitätskonflikte und macht es ihnen äußerst schwer, sich aus der Abhängigkeit zur Mutter zu lösen.

Doch der innere Druck nach Entwicklung führt im Verlauf der weiteren Opernhandlung schließlich dazu, dass der Kontakt zum Vater (Sarastro) gesucht wird und aufgrund von guten Erfahrungen mit dieser männlichen Welt sich eine positive Identifizierung mit dem Gesetz des Vaters entwickelt und Pamina und Tamino durch die Prüfungsrituale eine Stärkung ihres Selbst erfahren. Diese positive Erfahrung macht es ihnen schließlich möglich, sowohl die frühkindliche Problematik der Ablösung von der Mutter als auch die pubertären Entwicklungsprobleme zu überwinden und Schritte der Reifung zu vollziehen an deren Ende die gelingende Beziehungsaufnahme zum Liebespartner steht.

Indem sich in dieser Oper adoleszentes Begehren mit frühkindlicher Affektivität durchmischen, erfährt das Musikdrama eine Frische und Unmittelbarkeit, die Alt und Jung begeistern. Zudem sorgen die aufheiternden Späße des Papageno dafür, dass kein Abgleiten in eine depressive Stimmung zu fürchten ist. Die geniale Musik Mozarts, die soviel an Lebenszuversicht und ästhetischer Schönheit verströmt, tut das ihre dazu, dass sich jeder Zuschauer am Ende der Vorstellung mit guten psychoästhetischen Gaben reich beschenkt und in wohliger Stimmung auf den Heimweg begeben kann.

Literatur

Csampai, Attila und Holland, Dietmar (1988): W.A. Mozart: Die Zauberflöte. Texte, Materialien, Kommentare. Reinbek: Rowohlt

Hammerstein, R. (1956): Der Gesang der geharnischten Männer. Eine Studie zu Mozarts Bachbild. Archiv für Musikwissenschaft 13, S. 1–24

Perl, Helmut (2000): Der Fall »Zauberflöte«. Mozarts Oper im Brennpunkt der Geschichte. Darmstadt: Wissenschaftliche Buchgesellschaft

Rosenberg, Wolf (1978): Mozarts Rache an Schikaneder. Musik-Konzepte 3: Ist die Zauberflöte ein Machwerk? München 1978, S. 3–12

Empfohlene Musikaufnahme

W. A. Mozart: Die Zauberflöte

Roberta Peters (Königin), Evelyn Lear (Pamina), Fritz Wunderlich (Tamino), Franz Crass (Sarastro), Dietrich Fischer-Diskau (Papageno) u. a.
RIAS-Kammerchor, Berliner Philharmoniker. Leitung: Karl Böhm
Deutsche Grammophon

2002 · 173 Seiten
Broschur
EUR (D) 19,90 · SFr 33,90
ISBN 3-89806-198-1

Wir alle haben die Erfahrung gemacht, dass das Hören eines bestimmten Musikstückes uns sehr ergreifen und uns im Tiefesten unserer Seele anzurühren vermag. Die Nähe der Musik zu seelischen Prozessen ist allgemein vertraut. Es heißt, Musik sei ein »Spiegel der Seele« oder auch Musik sei »Nahrung für die Seele«. Da es insbesondere die unbewusste Psyche ist, die durch Musik in Schwingungen versetzt wird, ist die Erforschung des Musikerlebens im Grunde eine genuin psychoanalytische Aufgabe, die bislang allerdings nur sehr zaghaft in Angriff genommen wurde. Musik ist ein verbal nur schwer fassbares Phänomen und man mag geneigt sein, anzunehmen, dass viele Forscher sich bislang von Äußerungen haben entmutigen lassen, in denen die Meinung vertreten wird, dass »Sprache ... nie und nirgends das tiefste Innere der Musik nach außen kehren kann« (Nietzsche).

PSV
Psychosozial-Verlag